Tibet Legend
티베트 민간고사

Tibet Legend
티베트 민간고사

선 용 엮음

신아출판사

■ 책을 엮으면서

신비의 나라 티베트

  티베트는 중국의 남서부에 위치하고 있으며 인구는 약 3백만 명이다. 현재 중국의 56개 소수민족 중 하나인, 장족(藏族)이 사는 서장자치구(西藏自治區)는 지역은 넓지만 인구밀도는 낮은 편이며 '라싸'가 서장자치구의 수도이며 중심지이다.
  남쪽으로는 인도·네팔·부탄 등과 국경을 맞대고 있고, 남동으로 운남성, 동으로 진사강을 경계로 사천성, 북으로는 신자위구르 자치구와 접하고 있다. 티베트인은 몽골로이드에 속하며 중국인과는 신체적 특징이 다르다.
  티베트어는 자음 30자, 모음 4자로 된 표음문자이며, 시노티베트어 중의 티베트 버마어에 속하고, 고전적인 문장어와 티베트·캐시미르·부탄과 서부 중국에서 사용하고 있는 '좁은 의미의 티베트어'와 네팔·시킴에서 사용하는 '티베트 히말라야어'와 북부의 '아샘어'로 구분할 수 있다. 그러나 일반적으로 티베트어라면 좁은 의미의 티베트어를 가리키며, 수도 라싸를

중심으로 사용하고 있는 언어를 말하는데 그 밖에 지방 사투리도 많이 있다.

　티베트 문자는 7세기경 인도에서 들어온 데바나가리에서 반전된 것으로 불교의 경전과 산스크리트의 주석을 해석하기 위하여 도입했지만 나중에 티베트의 문학과 예술을 발전시키는 데 큰 역할을 했다.

　우리는 장족들이 조상 대대로 가꾸어 온 빛나는 문학의 꽃인 티베트 민간 고사를 통하여 티베트의 유구한 문화와 전통 그리고 역사라는 긴 강을 함께 헤엄치면서 그들의 생각과 생활 등을 엿볼 수 있을 것이며, 힘든 고원 생활에서도 굳세게 살아가는 그들의 지혜와 용기를 배울 수 있을 것이다. 높은 설산, 도도하게 흐르는 강, 추운 날씨, 고원이라는 특수한 지리적 환경도 티베트인들에게는 방해가 되지 않기에 오늘의 티베트가 있지 않나 생각한다.

　끝으로 이 책을 묶어주신 신아출판사 서정환 사장님과 박갑순 편집장님께 진심으로 감사드린다.

2010년 9월
선 용

차 례

책을 엮으면서

왕의 구혼사자 ♠ 9
토사와 가난한 마술사 ♠ 20
금병과 원숭이 ♠ 30
욕심 많은 어부 ♠ 35
오주 ♠ 39
세 끈쟈 이야기 ♠ 48
떠돌이 장사꾼과 아가씨 ♠ 56
총명한 딸 ♠ 65
물고기가 웃는 이유 ♠ 71

요괴의 궁전 ♠ 79

타만츠와 타얼차라이루 ♠ 101

등빠 아저씨 ♠ 122

누이와 동생 ♠ 134

산의 대왕 ♠ 192

힘센 거인 ♠ 200

야크 왕 ♠ 205

요리사와 고양이 ♠ 211

귀신이 무서워 하는 것은 ♠ 216

왕의 구혼사자

당나라 황제에게 아름답고 총명한 딸이 한 명 있었다. 모두 그녀를 문성(文成)공주라 불렀는데 문성공주는 황제의 총애를 한 몸에 받고 있었다. 문성공주가 성인이 되었을 때 주변의 여러 제후국 왕들이 사자를 보내어 구혼을 했다.

티베트 왕 쏭찬깐푸(松贊干布)도 공주의 아름다움을 들어 잘 알고 있었고 가슴속에 몰래 사랑을 키우고 있었다. 그는 마침 당 황제가 사윗감을 찾고 있다는 소식을 듣고 나라 안에서 가장 총명하고 재능이 있는 루둥찬(祿東贊)이라는 사자를 보내어 청혼하기로 했다.

루둥찬이 당나라에 가서 보니 청혼을 한 사람이 모두 일곱 명이나 되어 과연 누가 당 황제의 사위가 될지 아무도 알 수 없었다.

한편, 당나라 황제는 티베트는 너무 멀리 떨어져 있기에 딸을 시집보낸다 해도 한 번 만나기가 쉽지 않을 것 같은 생각이 들었다. 그래서 마음속으로는 티베트 왕에게 시집보내는 것을 원치 않았다. 그러나 겉으로는 티베트 왕의 사자를 거절할 수도 없었다.

당나라 황제는 가장 총명한 대신을 불러 상의했다.

"티베트 왕의 사자를 그냥 돌려보낼 방법이 없겠소? 조금도 마음 상하지 않게 말이오. 그의 청혼을 거절할 수 있는 가장 좋은 방법을 찾아본 뒤 나머지 여섯 명 중에서 과인의 사윗감을 찾아보시오!"

황제와 대신은 오랜 의논 끝에 한 가지 방법을 구해내었다. 이튿날, 대신은 사람을 시켜 어미 말 5백 필과 망아지 5백 필을 궁전 앞뜰로 끌고 오게 했다. 그리고 망아지를 가운데 몰아 넣고 그 주위에 어미 말을 풀어 놓았다.

황제가 말했다.

"일곱 나라 제후국 왕들은 모두 과인의 오른팔과 같이 소중한 사람들이다. 그 어느 한 사람 과인의 사윗감으로 부족한 사람이 없고 모두가 믿음직하고 마음에 든다. 그런데 한스럽게도 과인의 딸이 한 명밖에 없으니 누구 한 사람을 지명할 수 없구나. 그래서 공정을 기하기 위하여 과인이 한 가지 문제를 내겠는데 만약 이 문제를 맞히는 사람이 있다면 그와 혼사를 한 번 생각해 보겠다."

황제의 말이 끝나자 대신이 큰소리로 말했다.

"자, 모두 잘 들으시오. 여러분 앞에 어미 말 5백 필과 망아지 5백 필이 있습니다. 문제는 이 말들 중에서 친어미와 새끼를 찾는 것인데 어떻게 하면 쉽게 찾을 수 있을까? 하는 것입니다."

그때 티베트 왕의 사자는 예의 바르게 여섯 명의 사자들에게 순서를 양보했다.

"먼저 하세요. 저는 맨 마지막에 하겠습니다!"

다른 나라 사자들은 모두 어미 말과 새끼를 가려낼 수 없다고 손을 내저었다. 그래서 마지막으로 티베트 왕의 사자 차례가 되었다.

원래 티베트 장족(藏族)들은 말을 잘 다루기에 그는 앞에 한 여섯 명의 그런 멍청한 방법을 쓰지 않았다. 그는 사람을 시켜 먼저 말이 좋아하는 사료를 가져오게 한 뒤 편안하게 어미 말에게 먹였다. 어미 말은 배가 부르자 망아지를 향해 큰소리로 젖을 먹으라고 불렀다.

그러자 망아지들은 각자 자기 어미 말을 찾아가 젖을 빨며 놀았다. 그렇게 하여 티베트 왕의 사자는 5백 필의 어미 말과 망아지를 구분해 놓았다.

그걸 본 당나라 황제는 매우 흡족했지만 여전히 사윗감으로는 마음에 들지 않는다고 생각했다.

"티베트의 사신은 매우 총명하여 마음에 든다. 그러나 그 하나만으로 사윗감으로 택한다는 것은 공평하지 않을 것 같아 다른 문제로 다시 시험을 해 보려 한다. 그래야만 다른 사람들도 수긍할 것이 아닌가?"

황제는 사람을 시켜 한 개의 푸른 옥을 갖고 와서 일곱 명의 사자들 앞에 놓고 말했다.

"보다시피 이것은 귀한 녹옥이다. 그런데 한 가닥 구불구불한 구멍이 이 녹옥 한가운데로 지나간다. 누가 실로 이 옥의 구멍을 꿰면 과인의 사윗감으로 한 번 생각해 보겠다!"

이번에도 티베트왕의 사자는 다른 여섯 명의 사자들에게 먼저 꿰어보라고 했다.

여섯 명의 사자들은 종일 온갖 방법을 다 모아 해 보았지만 성공하는 사람은 한 사람도 없었다. 마지막에 역시 티베트 사자의 차례였다. 사자는 먼저 개미 한 마리를 잡아 실을 개미 다리에 묶은 뒤, 한쪽 구멍 안으로 들어가게 하고 다른 쪽 구멍 입구에 꿀을 발랐다.

개미는 꿀 냄새를 맡고 다리에 실을 묶은 채 재빨리 옥의 구멍을 지나갔다. 티베트 왕의 사자는 실의 양쪽을 묶은 뒤 두 손으로 황제에게 갖다 바쳤다.

황제는 속으로 크게 놀라면서도 다시 사자를 시험해 보기로 했다.

황제가 큰소리로 말했다.

"모두가 수긍할 수 있도록 한 번 더 시험해 보겠다. 다들 진지하게 시합에 응해 주기 바란다."

황제는 목수에게 부탁하여 커다란 나무 한 그루를 베어 위아래를 구분할 수 없게 아주 매끈하게 대패질을 했다. 그리고 정확하게 자른 뒤 일곱 명의 사자 앞으로 들고 갔다.

"여기 나무토막이 있다. 와서 자세히 보아라. 그리고 어느 쪽이 위며 어느 쪽이 뿌리 쪽인지를 말하고 이유까지 설명해야 한다. 이것을 알아맞히면 공주와 결혼을 생각해 보겠다."

이번에도 여섯 명의 사자가 먼저 보았다. 그러나 아무리 보고 생각해 봐도 어디가 위며 어디가 아래인지 알 수 없어 서로 쳐다보며 고개만 갸우뚱거렸다.

티베트 왕의 사자가 마지막으로 나왔다. 그는 산에서 오래 살았기에 뿌리 쪽이 무겁고 위쪽이 가볍다는 것을 잘 알고 있었다. 그는 사람을 시켜 나무토막을 강물에 띄워보라고 했다.

조용히 흐르는 강물에 나무토막은 잠깐 떠있는가 했더니 천천히 가벼운 쪽이 앞으로 무거운 쪽을 뒤로하여 떠내려갔다. 사자는 그렇게 하여 위아래를 알아내었다.

당 황제는 티베트 왕 사자의 총명함에 혀를 내둘렀지만 그래도 딸을 먼 나라로 시집보내고 싶지 않았다.

황제는 총명하고 재간 있는 또 다른 대신들을 불러 의논했다. 대신들은 황제의 뜻을 알았다. 그 중 한 사람이 말했다.
"먼저 3백 명의 아리따운 아가씨들을 선발한 뒤, 문성공주님과 똑같이 화장을 하고 옷을 입혀 그들 일곱 명의 사자들에게 진짜 공주를 찾아보라고 하세요. 만약 찾아내는 사자가 있다면 그 나라 왕과 인연이 있다고 생각합니다. 어떠신지요?"
황제는 대신의 말을 듣고 그 방법으로 다시 한 번 시험해 보기로 했다.
"각 제후국에서 온 사자들은 잘 들어라. 여러분들의 불평을 듣지 않기 위해 다시 한 번 시험을 해 보겠다. 여기 3백 명의 똑같은 아가씨들이 있는데 이 중에서 공주를 찾아보아라. 물론 공주는 이들 속에 있다. 만약 누가 문성공주를 찾아낸다면 그는 공주와 인연이 있음에 틀림없다. 후회 없도록 잘 찾아보아라."
역시 이번에도 여섯 명의 사자가 먼저 가서 공주를 찾았다. 그들은 아가씨들 중에서 가장 아름다운 아가씨가 공주라 생각했지만 모두 다 실패하고 말았다.
티베트 왕의 사자도 이번에는 자신이 없었다. 그러나 그는 공주를 모시고 가야 한다는 사명을 다시 한 번 되새기면서, 어떠한 일이 있어도 또 어떻게 해서라도 공주를 왕비로 모시고 가겠다고 결심했다. 그는 황궁 주위를 돌며 황궁을 드나드는 사람을 찾았다. 차를 파는 사람이든, 야채장수든, 빨래하는 사람이든, 가리지 않고 만나 공주에 대해 물어보았다.

왜냐하면 그는 공주를 한 번도 본 적이 없고 또 공주에 대하여 아는 것이 조금도 없기 때문이었다.

그는 다른 사람들처럼 실패하고 싶지 않았기 때문에 있는 힘을 다해 알아보았다.

한 노부인이 말했다.

"여보시오. 당신은 정말 정신나간 사람이군요. 누가 감히 황제와 관계 있는 일을 겁도 없이 말하겠소? 만약 황제님이 아신다면 당신 목숨은 열이라도 부지하지 못할 거요."

사자는 노부인이 겁쟁이란 것을 알고 말했다.

"노부인, 걱정하지 마시고 공주님에 대해 알고 있는 대로 모두 말해 주십시오. 그 은혜 잊지 않겠습니다. 그리고 황제님께서 점쟁이를 불러 이야기해 준 사람을 찾는다 하더라도 불가능할 것입니다."

그는 노부인이 대담하게 말할 수 있도록 세 개의 하얀 돌멩이를 놓고 그 위에 솥 하나를 올려놓았다. 그리고 그 솥 안에 물을 가득 붓고 거기다 등이 없는 의자를 하나 놓은 뒤, 노부인더러 앉으라고 했다. 그리고 한 개의 나팔을 주며 말했다.

"노부인, 이 구리로 만든 나팔을 이용하여 하고 싶은 말을 다 하세요. 그렇게 하면 아무리 용한 점쟁이라도 알아낼 수 없을 것입니다. 그렇게 말하는 사람은 나무산(木山) 위에 살고 있으며, 나무산은 쇠바다[鐵海] 속에 있습니다. 쇠바다는 은산(銀山)의 정상에 있으니 말하는 사람은 바로 구리 입과 은 이로 말하는 것입니다. 그래서 은산이 어디에 있으며 또 구리 입과 은 이를 가진 사람이 어느 신선인지 아무도 모를 것입니다. 마음놓고 말씀하세요."

티베트 왕의 사자가 그렇게 말하자 노부인은 그제야 안심하고 대담하게 말했다.

"공주님을 찾을 때 절대로 아름다운 아가씨를 고르면 안 됩니다. 공주님은 못생기지도 않지만 그렇다고 뛰어나게 예쁘지도 않아요. 일반적으로 공주라면 모두 예쁠 것이라 생각하는데 꼭 그런 것은 아니지요. 그러니까 깊이 생각하셔야 합니다. 또 앞쪽에 있는 아가씨나 뒤쪽에 있는 아가씨를 가리켜서도 안 됩니다. 왜냐하면 사람들은 언제나 앞이나 뒤쪽에 있을 것이라 생각하고 있지만 황제는 공주에게 가운데에 서 있으라고 했답니다. 그리고 공주님은 어릴 때부터 머리에 꿀을 바르고 다니지요. 그래서 벌 나비들이 항상 공주님을 따라다니고 물론 공주님도 벌 나비를 아주 좋아하여 쫓아버리지 않는답니다. 그 꿀은 다른 나라에서 가져 온 것이라 다른 아가씨들에게는 없어요. 가장 찾기 쉬운 방법은 머리 위에 벌과 나비가 날아다니는 것을 보면 그분이 바로 문성공주님이란 걸 알 수 있을 거요. 이것은 황궁에 사는 사람들이 말해 준 것인데 그 사람들이 다시 주방장에게 말했고, 주방장은 또 나에게 말해 주었지요. 내가 바로 주방장의 옷을 자주 세탁해 주는 사람이니까 말이에요. 자, 이 이상 내가 알고 있는 것은 없어요. 부디 가셔서 운수를 시험해 보세요."

티베트 왕의 사자는 노부인에게 고맙다는 인사를 한 뒤, 궁 안으로 공주를 찾으러 갔다.

그는 아무렇게나 말하지도 않았고 예쁜 아가씨도 찾지 않았다. 그리고 맨 앞과 뒤도 가리키지 않았다. 정말 사자의 눈에 공주는 쉽게 들어오지 않았다. 그가 가슴을 졸이고 찾고 있는데 시간은 어느새 정오가 되었다. 그때 한 무리의 벌과 나비들이 날아와 한 아가씨 머리 위에서 계속 날아다녔다.

그것을 본 티베트 왕의 사자가 큰소리로 말했다.

"바로 저 분이 공주님이십니다!"

사자가 가리킨 아가씨는 진짜 공주였다.

황제와 대신들 그리고 여섯 명의 사자들은 몹시 놀랐다.

"정말 이상한 일이야! 믿을 수 없어. 공주를 한 번도 본 적이 없을 먼 나라 사자가 어떻게 단번에 알아맞힐 수 있단 말이냐? 분명 누군가가 가르쳐 주었을 것이다."

황제는 그렇게 생각하고 점쟁이를 불렀다. 그런데 그 용하다는 점쟁이도 알아내지 못했다.

황제는 할 수 없이 공주를 티베트 왕에게 보내겠다고 허락

했다. 그리고 사자에게 인사를 시켜주었다.

사자는 공주를 만나 이렇게 말했다.

"공주님, 황제님께서 혼사를 허락해 주신 데 대해 고맙게 생각하며, 저희 나라 대왕님께서는 공주님같이 착하고 어지신 왕비님을 맞게 되어 무척 기뻐하실 겁니다. 그리고 저희 나라 온 백성의 영광입니다. 그런데 공주님이 오실 때 황제님은 분명 많은 가구랑 살림을 주실 것입니다. 그런데 다른 것들은 다 필요 없습니다. 왜냐하면 저희 대왕님은 모든 것을 미리 준비해 두었기 때문입니다. 그러니 오실 때 황제님께 다섯 가지 곡식의 종자와 농기구만 필요하다고 하세요. 그리고 기술 좋은 일꾼들도 필요합니다. 그래야만 한인(漢人)처럼 우리도 잘 살 수 있을 것입니다. 우리 티베트 사람들에게는 그런 것들이 금은과 같이 귀중합니다."

공주는 사자의 말대로 시집갈 때 아무것도 갖지 않고 다섯 가지 곡식의 종자와 농기구 그리고 기술자들만 데리고 갔다.

황제는 그렇게 요구하는 딸을 이상하게 생각했지만 말 5백 필에 다섯 가지 곡식의 종자와 또 천 필의 말에 농기구와 가구들을 실어 기술자와 함께 티베트로 보냈다.

그 뒤로 티베트는 농산물을 많이 생산하여 식량 걱정을 안 해도 되었고, 전보다 더 훌륭한 공예품도 만들어내어 백성들은 잘 살게 되었다.

토사와 가난한 마술사

옛날 파밀 지방을 다스리는 한 토사(土司)*가 있었는데 그는 많은 백성들을 다스리고 있어 세력 또한 아주 대단했다.
토사의 관할 구역에 한 가난한 마술사가 살고 있었다. 그는 마술로 사람들을 웃기고 기쁘게 하였으며 환상과 꿈속에서 그들이 평소 얻지 못하는 즐거움을 갖게 해주었다. 그리고 그는 학문과 능력 또한 많아, 많은 사람들이 그를 믿고 따랐다.
어느 날 토사가 마술사를 불러 말했다.
"모두들 당신은 각종 마술로 사람들을 즐겁게 해주고 학문과 능력 또한 대단하다고 말하는데 그걸 나에게 한 번 보여줄 수 있겠소? 나는 종일 우울하고 괴로운데 우선 내 마음부터 즐겁게 바꾸어 주시오. 그렇게 할 수 있겠소?"

---
* 토사 : 원, 명, 청 시대의 세습족장.

마술사가 말했다.

"대토사시여, 저에게 몇 가지 마술이 있기는 하지만 지금까지 백성들에게만 사용하였고, 그들을 잠시 동안이나마 즐겁고 기쁘게 해주었을 뿐입니다. 예를 들면 완전하지 못한 것을 완전하게 한다든지, 아내는 없지만 자식을 얻을 수 있게 하고, 고기를 먹어 본 적 없는 사람이 고기를 실컷 먹어보도록 하는 것입니다. 그러나 이것은 하나의 환상일 뿐이지 진정 그들을 행복하게 할 수 없는 것입니다. 그뿐 아니라 마술은 어디까지나 저 같은 보잘 것 없는 평민들이 장난삼아 하는 놀이이지 어떻게 대토사님께 마술을 걸어 놀라게 할 수 있겠습니까?"

토사가 말했다.

"괜찮아. 내가 허락하니 걱정하지 말고 해보시오."

마술사는 얼굴을 찌푸리며 말했다.

"대토사님께서 죄를 묻지 않겠다 하더라도 저는 할 수 없습니다!"

토사가 말했다.

"그럼 이렇게 하면 어때요? 내가 각서를 한 장 써 주면 맘놓고 할 수 있겠소?"

토사는 어떤 일이 있더라도 죄를 묻지 않겠다고 각서를 써 주었다.

그가 마침 마술사에게 각서를 주는데, 갑자기 창밖에서 시끄러운 말 발자국 소리가 들렸다. 머리를 들어보니 멀리서 아주 많은 사람과 가축들이 토사의 목지에서 풀을 베고 있는 것이 아닌가? 이것은 허락하지 않은 일이라 토사는 몹시 화가 났다.

토사는 즉시 힘이 센 관리인을 불러 분부했다.

"그들이 어떤 사람인지 빨리 가서 보고 오너라. 어찌 허락도 받지 않고 감히 나의 목지에서 풀을 벤단 말이냐? 사람과 가축을 모두 끌고 오너라. 내가 엄한 벌을 주겠다."

관리인이 명을 받고 목지로 갔다. 그곳에는 많은 병사들과 하인들이 있었으며 고급스런 막사도 쳐져 있었다. 그리고 지붕이 금과 은으로 된 막사가 한 채씩 있는데 그 앞에는 황금 보좌와 백은 보좌가 놓여 있었다. 관리인은 그것을 보고 기가 죽어 감히 말도 못하고 옆에 서서 누구에게 물어 볼 기회만 노리고 있었다.

반나절쯤 기다렸을까, 그때 마침 물을 길어가는 하인을 만나 조심스럽게 물어 보았다.

"여보시오. 형씨, 당신들이 모시고 있는 귀한 주인은 누구시오? 그들은 여기에 무엇하러 왔소?"

하인이 말했다.

"물어보시는 형씨, 금 보좌에 앉아 계시는 분은 다름 아닌 지장왕(地藏王)이시고, 은 보좌에 앉아 계시는 분은 그의 아들이십니다. 우리는 명부(冥府)에서 왔는데 하늘로 올라가기 위해 이곳을 지나가다 당신들의 목지에서 잠시 쉬는 중이랍니다."

관리인은 그 말을 듣고 너무 놀라 더 이상 묻지도 못하고 급히 돌아갔다. 그리고 토사에게 보고 들은 대로 보고했다.

토사도 놀라면서 말했다.

"지장왕이시라고? 그는 우리 인간의 수명을 관장하는 신으로 잘 받들어 모셔야 할 분이 아닌가? 내가 마땅히 찾아가 참배하고 공양을 올려야지!"

그래서 그는 즉시 사람을 시켜 예물을 준비한 뒤, 친히 지장왕을 뵙고 물었다.

"지장신이시여, 신께서는 언제나 명부에 계시는데 오늘 어인 일로 누추한 여기까지 오셨습니까?"

지장신이 말했다.

"나는 정원에 한 그루 무화과나무를 심어 놓고 온갖 정성을 다 기울였지. 이제 겨우 열매를 맺게 되었는데 나무와 뿌리는 명부에 있고 가지는 구름 속에 있어 무화과는 모두 하늘의 신들이 다 따가버리고 나는 한 개도 구경할 수 없게 되었잖아? 그래서 천상의 신과 공평하게 따 먹자고 교섭을 하러 가는 중이야."

토사는 그 말을 듣고 몹시 놀랐다. 그는 오직 한마음 위엄 있는 지장신과 결탁하여 자신의 권위를 영원히 누릴 수 있었으면 얼마나 좋을까 생각했다. 그는 아주 공손하고 존경하는 마음으로 말했다.

"장엄하신 지장신이시여! 신께서 저의 목지에 오신 것을 환영하며 아주 영광스럽게 생각합니다. 우리는 지하의 왕이며 지하의 토사입니다. 그리고 지상의 왕이며 지상의 토사이기도 합니다. 그런데 지장신께서는 이렇게 훌륭한 왕자님이 있지만, 저에게는 아주 총명하고 아리따운 딸이 있습니다. 만약 우리 두 사람이 사돈으로 맺어진다면 우리의 힘은 더욱 커지고 더욱 강해질 것입니다. 그리고 서로 도움을 줄 수가 있을 것입니다. 묻건대 자장신의 뜻은 어떠신지 모르겠습니다."

지장신이 말했다.

"나에게는 세 명의 아들이 있지만 이 아이는 내가 특별히 사랑하는 막내야. 너에게 그런 뜻이 있다니 아주 가상한 일이며 왕가끼리 사돈이 되는 것 또한 아주 합당한 일이라고 생각한다. 네가 나의 왕자를 사위로 맞아주겠다면 왕자를 너에게 맡기고 가겠다."

그래서 지장신은 아들을 토사에게 부탁하고 그 순간부터 말도 높여 했다.

"존경하는 토사시여, 이제 우리는 사돈이 되었으니 서로 관심을 가져야 합니다. 지금 나는 하늘나라 천신과 교섭을 하러 가는 중인데 우리에게 무슨 시끄러운 일이 일어나지 않도록 사돈께서 언제나 신경써 주십시오. 왜냐하면 하늘의 신은 어떤 때는 막무가내이니까요."

토사는 몹시 만족해하며 지장신의 왕자를 데리고 궁궐로 돌아가서 아주 성대하게 결혼식을 올렸다. 그리고 지장왕이 떠날 때 한 말을 기억하고 매일 지붕 위에 올라가 하늘을 보았다.

그런데 어느 날, 갑자기 시커먼 구름이 사방에서 몰려왔다. 그리고 하늘이 솥 밑처럼 까맣게 되더니 무서운 벼락 소리가 들리고 번개가 번쩍번쩍했다.

이어서 하늘에서 헤아릴 수 없이 많은 사람의 시체가 떨어졌다. 손이 잘리고, 다리가 잘리고, 머리가 잘린 시체가 계속해서 떨어져 모두 소스라치게 놀랐다.

이때 하늘에서 수염 달린 머리 하나가 툭 떨어졌다. 토사는 그것이 천상의 신에 의해 잘린 지장신의 머리라고 생각하고 탄식했다.

토사는 사위가 보면 슬퍼할까 봐 두려워, 그가 보지 않을 때 불에 태워버리기로 했다. 토사는 사람을 시켜 궁막사 앞으로 장작을 가져오게 하고 화장을 했다.

그때 사위가 피어오르는 불을 보고 한 건장한 하인에게 물었다.

"왜 저렇게 불을 피우고 있느냐?"

그 하인은 아무것도 모르고 경황하여 말했다.

"아이고, 부마님은 아직도 모르세요? 지장신의 머리가 하늘에서 떨어져 지금 화장을 하고 있는 중이랍니다."

왕자는 그 말을 듣자 목을 놓아 큰소리로 울며, 즉시 달려 나가 불 속으로 뛰어들었다.

많은 사람들이 급하게 달려나가 왕자를 구하려 했지만 막지 못하고 결국 불에 타 죽고 말았다.

토사는 매우 슬퍼 몇 며칠 머리를 들어 하늘을 보고 한 숨을 쉬며 어떻게 했으면 좋을지 몰랐다.

그런데 며칠 뒤, 갑자기 지장신이 그의 군사와 수종과 하인들을 데리고 하늘에서 내려와 처음 그가 머물렀던 토사의 목지로 온 것이 아닌가?

하늘에서 떨어진 것은 원래 지장신의 머리가 아니었다.

토사는 지장신이 돌아왔다는 말을 듣고 어쩔 줄을 몰라 급히 그를 보러 갔다. 그리고 다짜고짜 하늘에서의 싸움은 어떻게 되었는지 물었다.

지장신이 말했다.

"처음에 천신들이 무화과를 나누어 먹지 않겠다고 하여 우리는 한바탕 싸움을 하였지요. 그런데 뒤에 나이 많은 신 한 분이 나와 해결해주어 더 이상 싸우지 않았습니다. 이제 그들은 수확한 무화과의 반을 나에게 주기로 했으며 권리도 반반

씩 나누어 갖기로 했습니다."

지장신은 그렇게 말하고 좌우로 두리번거렸다.

"나의 아들은 왜 보이지 않습니까? 왜 함께 오지 않았습니까?"

토사는 마음속으로 걱정이 되었지만 해명하지 않을 수 없었다. 그는 머리를 긁적거리며 말했다.

"말씀드리자면 아주 불행한 일입니다. 며칠 전 하늘에서 많은 시체와 손과 발이 떨어졌습니다. 그런데 사돈과 똑같은 머리가 하나 궁막사 지붕 위에 떨어져 사돈의 머리라 잘못 알고 장작불에 화장을 하였습니다. 그런데 부마가 그 말을 듣더니 바로 불 속으로 뛰어들어갔는데 우리가 구하려 했지만 이미 늦어 손을 쓸 수가 없었습니다."

지장신은 그 말을 듣고 보좌에서 벌떡 일어나 화를 발끈 내며 말했다.

"내가 어디 죽었소? 똑똑히 보시오. 나는 분명 여기 있잖소? 그런데 내가 그토록 사랑하는 아들이 죽었으니 이것은 당연히 당신이 책임져야 하오. 당신이 사위 삼겠다고 나의 아들을 맡기라고 했죠? 내 아들을 당신이 죽인 거나 같으니 당신을 그대로 둘 수는 없소. 그리고 아들이 죽었으니 사돈관계도 끝났소."

토사는 자기의 능력으로 지장신을 이길 수 없다는 것을 알았다. 그는 땅바닥에 엎드려 계속 용서를 빌었다.

"장엄하신 지장신이시여, 왕자는 이미 돌아가셨으며 돌아가신 분은 다시 살아나게 할 수 없습니다. 제발 노여움을 푸시고 왕자 대신 저를 죽으라고 하시지 마십시오. 신께서 원하시는 것은 무엇이든 다 들어 드리겠습니다. 나의 토지는 물론이고 백성과 노예며 소와 양 그리고 금은 등 모두 바치겠으니 한 번만 용서해 주십시오."

지장왕은 욕을 하면서도 한편으로는 그렇게 하라고 허락하여 주었다. 그래서 토사는 즉시 명을 내려 그의 백성과 궁전이며 재물, 가축 등 하나 남기지 않고 모두 지장신께 내주었다.

그렇게 하고도 모자라 그는 계속 땅바닥에 엎드려 절을 하며 살려달라고 빌었다.

그런데 그때 지장신이 말했다.

"더 이상 절을 하며 애걸할 필요가 없다. 자, 머리를 들고 나를 자세히 보아라!"

토사가 머리를 들고 보니 지금까지 거기 있던 황금 막사도 보이지 않고 역시 천신과 싸워 이겼다는 지장신도 없었다. 그런데 다름 아닌 마술사가 나무토막 위에 앉아 미소를 짓고 있지 않은가? 토사는 그제야 마술사에게 놀림당한 것을 알고 몹시 화가 났다.

그는 무거운 벌을 내리려고 생각했다. 그러나 그는 어떠한 일이 있어도 마술사에게 죄를 묻지 않겠다는 각서를 써 주었기에 아무 말도 않고 시중들을 데리고 궁으로 돌아갔다. 그리고 화를 삭이느라 석 달 동안 한 발짝도 궁전 밖으로 나가지 않았다.

그런 일이 있은 뒤로 마술사는 백성들로부터 더욱 존경을 받게 되었다. 왜냐하면 그 마술사는 토사로부터 절을 받은 유일한 보통 백성이기 때문이다.

금병과 원숭이

옛날에 갑과 을이란 사이좋은 친구가 있었는데, 하루는 인삼과(人參果)를 캐러 갔다. 인삼과란 일종의 단맛을 가진 식물의 뿌리로서 크기는 엄지손가락만 하고 배고픔을 달래주기도 하여 사람들은 시간이 있을 때마다 산에 인삼과를 캐러 다녔다.

어느 날, 두 사람은 인삼과를 찾으러 다니다가 라마 승려가 경을 읽을 때 사용하는 정화수병인 한 개의 황금 공작병(孔雀瓶)을 발견하였다. 그걸 보는 순간 갑은 그것을 혼자 갖고 싶었다. 그러나 마음씨 좋은 을은 이것을 팔아 둘로 나누어 자기 몫은 가난한 사람에게 보시하겠다는 생각을 했다.

갑이 말했다.

"이 병은 금이 아닌 것 같아. 진짜 황금으로 만들었다면 누가 산에다 버리겠어. 아마 쓸모없는 가짜일 것 같아."

을이 말했다.

"아마 그럴지도 몰라. 그런데 공작병이 진짜인지 가짜인지 감정을 받아 보면 알 수 있잖아? 아니라도 괜찮고 진짜이면 더 좋고, 어쨌든 우리가 인삼과를 캐러다 주운 것이니까."

그날, 산을 내려와 을은 갑의 집에서 쉬기로 했는데 밤에 갑이 을에게 말했다.

"이 병을 잠시 나의 집에 두었다가 금을 잘 감정하는 사람에게 물어본 뒤 우리 둘이 똑같이 나누면 어때?"

을은 갑을 믿기에 그렇게 하기로 하고 이튿날 집으로 돌아갔다. 며칠 후, 을은 집안일을 정리한 뒤 다시 갑의 집으로 갔다.

을이 문을 들어서 보니, 갑은 고개를 숙인 채 쪼그리고 앉아 고민을 하는 것 같았다.

을이 물었다.

"무슨 고민을 그렇게 하고 있어? 불행한 일이라도 있어? 어서 말해 봐."

갑이 말했다.

"바로 우리가 산에서 주워온 그 병 때문인데, 금인 줄 알고 불 위에 놓았더니 그만 녹아버리지 않았겠어. 그게 알고 보니 주석이었어. 주석은 값이 안 나가지. 우린 헛것을 주워온 거야."

을은 갑이 타다 남은 주석이라도 보여주지 않아 기분이 좋지 않았지만 그래도 진심으로 갑을 위로해 주었다.

"그렇게 고민할 것 없어. 그 병은 우연히 인삼과를 캐러 갔다가 주운 것이니 금이 아니면 어때."

을이 그렇게 말하자 갑은 마음속으로 몹시 기뻐하며, 그 금병을 혼자 가져도 되겠다고 생각했다.

그날 밤, 갑은 아내를 시켜 술과 음식을 가득 차려 을에게 후한 대접을 했다. 실은 그것이 을을 더 의심하게 했다.

이튿날, 을은 집으로 돌아가겠다며 갑에게 말했다.

"이곳은 산밖에 없지만 내가 사는 곳은 산과 물이 있고, 과일나무가 있고, 온 산이 울긋불긋 꽃들이 피고 지는 아름다운 곳이라 아이들 정서에 아주 좋은 곳이라네. 그래서 하는 말인데 너의 두 아이를 당분간 나에게 맡겨봐. 내가 데리고 가서 돌보아 줄게. 언제인가 자네가 아이들 걱정을 했잖아. 어때?"

갑은 황금 병을 독차지하여 몹시 기쁜 나머지 즉시 찬성했다. 그가 말했다.

"내 아이가 바로 자네 아이 아닌가? 자네가 귀찮을 것 같아 말하지 않았어. 제발 좀 데리고 가줘."

그래서 을은 갑의 두 아이를 데리고 길을 떠났다. 그들이 원숭이가 많이 사는 산을 지나가는데 을은 갑자기 나무 위로 올라갔다. 그리고 나뭇가지에 앉아 있는 새끼 원숭이 두 마리를 잡아 아이들에게 주며 데리고 놀아라고 했다. 갑의 두 아이들은 아주 좋아했다.

을은 집으로 가서 매일 아이들과 함께 원숭이 훈련을 시켰다. 여러 가지 동작과 노래에 맞춰 춤도 추게 하고 그리고 두 아이의 이름을 부르면 원숭이가 즉시 달려오도록 가르쳤다.

석 달 뒤, 갑이 아이들을 데리러 오겠다고 을에게 편지를 보냈다. 을은 갑이 오는 날을 계산하여 미리 두 아이를 산으로 보내어 과일을 따먹고 있으라고 했다.

을은 갑이 대문을 들어서는 걸 보고 고개를 숙이고 아주 슬픈 듯 큰소리로 울며 말했다.

"내가 무슨 낯으로 친구를 만나겠나. 정말 죄송하여 뭐라고 말을 못하겠어."

갑이 을의 그런 모습을 보고 급히 물었다.

"무슨 일이 있니? 왜 그렇게 슬피 울어?"

을이 말했다.

"아이고, 미안해. 정말 어떻게 말했으면 좋을지 모르겠군."

갑이 물었다.

"뭐가 어때서, 어서 말해 봐. 내가 친구의 괴로운 마음을 나눌 수 있을지 아니. 우리는 친형제와 다름없는 좋은 친구가 아니냐?"

그러자 을이 말했다.

"일이 이렇게 되었으니 다 말할 수밖에 없겠어. 내가 자네의 두 아이를 데리고 온 뒤로 얼마 동안은 아무 일없이 잘 먹고 잘 놀았는데, 어떻게 된 건지 어느 날 갑자기 아이들이 원숭이로 변해버리지 않았겠어. 저놈들을 좀 봐. 매일 나무 위에만 올라가 과일을 따며 뛰어놀더니 사람아이 같지 않고 완전히 원숭이가 되어버렸어."

을이 그렇게 말하며 두 아이의 이름을 부르자 원숭이 두 마리가 듣고 바로 달려왔다.

갑은 놀라면서도 도저히 알 수 없었다. 그는 원숭이를 오랫동안 지켜보고는 그제야 어떻게 된 일인지 짐작이 갔다. 그래서 을에게 말했다.

"친구, 내가 잘못했어. 그 병은 원래 황금병이었고 또 녹이 지도 않았어. 자네가 나의 두 아이를 돌려준다면 나도 그 금병을 팔아 똑같이 나누기로 하겠어."

두 사람은 웃으면서 산으로 가서 과일 따러 보낸 두 아이를 불러왔다. 그리고 이튿날, 을은 갑의 집으로 가서 그 금병을 팔아서 돈을 나누어 가졌다.

욕심 많은 어부

옛날에 한 젊은 어부가 있었는데 그는 날마다 물고기를 낚으러 다녔다.

어느 날 아침, 그는 여느 때처럼 낚싯대와 광주리를 갖고 강가로 갔는데 해는 금방 동산 위에 둥근 얼굴을 내밀고 있었다. 강물은 빛을 받아 금색으로 반짝이었고 조용한 강 언덕은 그날따라 이상한 느낌이 들었다.

"이런 느낌은 처음인데……."

젊은 어부는 그렇게 중얼거리며 사방을 둘러보았다. 그런데 정말 미끼지 않는 일은, 저쪽 커다란 청석(靑石) 위에 아리따운 아가씨 세 명이 어깨를 나란히 하고 앉아 있는 것이 아닌가? 그들은 깔깔깔 웃기도 하고 노래를 부르기도 했는데 아무리 보아도 물을 길러 왔거나 먼 길을 가는 사람들 같지는 않았다.

"저 아가씨들은 도대체 어디서 왔지?"

그곳은 젊은 어부가 잘 알지만 평소 사람의 내왕이라고는 없는 한적한 강 언덕이었다. 그리고 지금까지 그렇게 사람의 마음을 움직이게 하는 노래를 들어 본 적이 없었다.

노래를 부르는 세 아가씨는 그 누구와도 비교할 수 없을 정도로 아름다워 마치 하늘에서 내려온 선녀 같았다.

그들은 어부에게는 신경도 쓰지 않았으며 이야기를 하다 이따금 어부를 힐끗 보고 웃곤 했다. 젊은 어부는 아예 고기를 잡을 생각도 하지 않고 멍하니 서서 정신없이 노래를 들었다.

노래가 끝나자 그 여음이 메아리 되어 다시 산을 흔들었다.

잠시 후, 한 아가씨가 가까이 와서 물었다.

"왜 그렇게 멍하니 우리를 쳐다보고 계세요?"

이어 한바탕 웃음소리가 들렸다.

젊은 어부가 대답했다.

"좋아요. 정말 좋아요. 만약 내가……."

젊은 어부는 도대체 왜 '정말 좋아요.'란 말을 했으며, 왜 그런 엉뚱한 대답을 했는지도 몰랐다. 넋을 잃은 것이 분명했다. 다른 한 아가씨가 다시 물었다.

"당신은 우리가 부른 노래를 좋아하세요? 그래요?"

"……."

어부는 얼굴이 빨개져 한 마디 말도 못했다.

세 명의 아가씨는 서로 얼굴을 마주보고 웃었다. 어부는 더욱 몸 둘 바를 몰랐다.

"여보세요. 빨리 가서 물고기나 낚으세요. 만약 당신이 큰 물고기 한 마리를 잡아 주시면 우리들 중 한 명이 당신에게 시집을 가죠."

세 번째 아가씨가 개구쟁이처럼 말했다. 이어 또 한바탕 호호호 웃었다.

젊은 어부는 그 말을 듣고 너무 기뻐 바로 물고기를 낚으러 달려갔다. 정말 신기할 정도로 아주 큰 물고기 한 마리가 금방 올라왔다. 젊은 어부는 재빨리 달려가 한 아가씨에게 주었다.

물고기를 받은 아가씨는 바로 일어나 젊은 어부의 손을 잡고 춤을 추었다.

젊은 어부는 춤을 추면서 생각했다.

"만약 한 마리를 더 잡으면 또 다른 한 명의 아가씨를 아내로 얻을 수 있겠지?"

젊은 어부는 갑자기 함께 춤추던 아가씨의 손을 놓고 다시 물고기를 낚으러 갔다. 그런데 이번은 아까처럼 그렇게 쉽게 잡히지는 않았다. 작은 물고기들이 계속 방해를 하여 간신히 한 마리를 낚았다.

젊은 어부는 급하게 달려가 다른 아가씨에게 물고기를 주었다. 그 아가씨는 물고기를 받아 옆에 내려놓고 일어나 젊은 어부와 춤을 추었다.

젊은 어부는 아리따운 두 아가씨와 춤을 추니 너무 행복했다.

"만약 또 한 마리를 더 잡으면 세 아가씨 모두 나의 아내가 되겠지."

젊은 어부는 그렇게 생각하며 미친 듯이 강으로 달려갔다. 그런데 이번에는 송사리 한 마리도 걸려들지 않았다. 긴장이 되고 마음이 급해 어부의 온몸은 땀으로 흠뻑 젖었다. 그리고 강물도 젊은 어부를 놀려 주듯 높은 파도를 일으키고 바람 또한 강하게 불어 몸을 지탱할 수도 없게 되었다.

그는 생각했다.

"아가씨들이 기다리겠지. 그들은 내가 빨리 돌아오지 않아 무능하다고 비웃을지 몰라."

젊은 어부는 낚싯대를 그대로 두고 급히 돌아가 보았다. 세 아가씨는 보이지 않고 강 언덕은 평소와 같이 조용했다. 욕심 많은 젊은 어부는 그제야 후회했다. 그의 마음은 조금 전 파도처럼 쉽게 가라앉지 않았다.

오주

아주 먼 곳에 한 청년이 살고 있었다. 그리고 아주 가까운 곳에 한 아가씨가 살았다.

청년은 사냥의 능수라 그가 쏜 화살은 한 번도 빗나간 적이 없었다. 야수의 눈을 맞추려 하면 정확하게 눈을 꿰뚫었지 코를 맞추는 일은 없었다. 그리고 날아가는 새의 목을 겨냥하여 쏘았다 하면, 목을 꿰뚫었지 날개에 꽂히지 않았다. 그러한 청년을 보고 사람들은 말했다.

"만약 그가 원한다면 하늘의 달도 떨어뜨릴 거야."

한편, 아가씨는 베짜기에 능수라 그녀가 짠 비단은 무지개보다 선명하고 공작의 꼬리 깃털보다 더 아름다웠다.

그뿐만 아니라 태어날 때 감미로운 목소리를 갖추고 나와 그녀가 노래를 부르면 천상의 노래처럼 사람의 마음을 움직였다. 그리고 그녀가 노래 부를 때는 언제나 한 마리 백령조(百靈鳥)가 날아왔다.

"백령조야, 왼쪽을 향해 세 번 돈 뒤 나의 무릎에 앉아라!"

백령조는 과연 세 번 돈 뒤 그녀의 무릎 위에 앉았다.

그녀는 다시 노래를 불렀다.

"백령조야, 오른쪽으로 세 번 돈 뒤 숲 속으로 날아가 놀아라!"

백령조는 역시 오른쪽으로 세 바퀴를 돌고는 숲으로 날아갔다.

어느 날, 아가씨는 잔디 위에 염색한 양털실을 말리고 있는데 사냥하고 돌아가는 청년과 마주쳤다. 그들은 첫눈에 서로 마음이 움직였다.

청년은 생각했다.

"세상에 저렇게 아름다운 아가씨가 또 있을까? 정말 저보다 아름다운 아가씨는 없을 거야!"

아가씨도 마음속으로 이렇게 생각했다.

"정말 저렇게 건강하고 용감한 청년은 어디에도 없을 거야!"

그들은 서로 멍하니 쳐다보다 쑥스러운 듯 고개를 숙였다.

청년은 부끄러워 활을 만지작거렸고, 아가씨는 치마를 접었다 폈다 했다.

시간이 얼마나 지났을까? 아가씨가 머리를 들었을 때 청년은 이미 가버리고 보이지 않았다. 그런데 청년이 서 있던 자리에 빨간 허리띠 하나가 놓여 있었다.

아가씨는 청년의 허리띠를 허리에 두르고 붉은 말을 타고 청년을 찾으러 갔다. 청년은 멀리 가지 못했다. 아가씨는 청년 앞에 말을 세우고 말했다.

"이것은 당신의 허리띠이죠? 제가 이미 허리에 둘렀습니다!"

청년이 말했다.

"아가씨가 그걸 받지 않았다면 받을 때까지 나는 날마다 아가씨의 천막 앞에 허리띠 하나씩 갖다 놓으려 했습니다."

두 사람은 물이 굽이굽이 흐르는 경치 좋은 곳에 천막을 치고 함께 행복한 나날을 보내기로 했다.

청년은 매일 가까운 곳으로 사냥을 가든 먼 곳으로 가든 아내가 보고 싶어 하루에도 열 번이나 돌아왔고, 아내도 매일 베를 짜면서 그때마다 남편을 마중나가 맞아주었다.

그런데 어느 날, 왕이 사냥을 나와 두 사람이 사는 천막 옆을 지나가다 사냥꾼의 아내를 보았다. 왕은 그녀의 아름다움에 반하여 한 걸음도 움직이지 못하고 정신없이 바라만 보고 있었다.

왕의 마음속에는 오직 사냥꾼의 아내밖에 없었다. 왕은 간신히 정신을 차렸지만 그날은 화살이 번번이 빗나가 토끼 새끼 한 마리도 잡지 못했다.

궁으로 돌아온 왕은 나라와 백성이야 어떻게 되었든 계속 사냥꾼의 아내만 생각하며 밥도 먹지 않았다.

왕은 흉악한 대신들과 병사에게 분부하여 빨리 말을 타고 가서 사냥꾼의 아내를 빼앗아 오라고 명령했다.

이튿날, 왕은 사냥꾼의 집으로 달려갔다.

왕이 사냥꾼의 아내에게 말했다.

"그 거지 같고 재수 없는 놈과 고생하지 말고 궁으로 가서 짐과 함께 살자. 짐이 너를 영원히 행복하게 해줄게."

사냥꾼의 아내는 왕이 그렇게 간절하게 말해도 들은 척도 하지 않았다.

왕은 사냥꾼의 아내가 배고플 것이라 생각하고 진수성찬을 차려오라고 명령했다. 그러나 그녀는 수저도 까닥하지 않았다. 할 수 없어 왕은 재물로 그녀를 유혹하기로 했다.

왕은 후궁에 있는 금은보화를 모두 갖고 와서 그녀 앞에 내려놓았다.

"네가 만약 짐과 함께 살겠다고 대답한다면 이 모든 것이 너의 것이 된다. 어떠냐?"

사냥꾼의 아내는 화가 나서 발로 그 보물들을 차버렸다.

그 바람에 보물은 깨어지고 쭈그러지고 여기저기 나뒹굴어 다녔다.

왕은 버럭 화를 내며 그녀를 감옥에 가두라고 명령했다. 그날따라 사냥꾼은 아내가 더 보고 싶어 일찍 사냥을 끝내고 돌아갔다. 그런데 여느 때 같으면 아내가 미리 마중을 나와 있을 것인데 그날을 보이지 않았다.

"아마 맛있는 요리를 하느라 내가 돌아올 시간을 깜빡 잊었나 보군."

그는 돌아오자마자 천막 안으로 들어갔다. 모든 것은 그대로 있고 솥 안의 물은 부글부글 소리를 내며 끓고 있었다. 그런데 사랑하는 아내는 보이지 않았다. 예감이 좋지 않았다.

"혹시 아내에게 불길한 일이라도……."

젊은 사냥꾼은 바로 활을 메고 이곳저곳을 찾았다.

"여보, 어디 있어요?"

그는 큰소리로 부르며 종일 뛰어다녔다. 얼마나 바쁘게 다녔던지 작은 강을 지날 때 신발 벗는 것도 잊고, 높은 산을 오를 때 가시가 옷을 찢고 피부를 찌르는 것도 느끼지 못했다.

하늘에 달이 떠오를 때까지 쉬지 않고 아내를 부르며 찾아 헤매었다. 보통 때 같으면 두 사람이 춤을 추는 시간인데 그는 애타게 아내를 찾고 있었다.

이윽고 중천에 뜬 달이 서산으로 넘어가고 있었다. 밤과 낮도 없이 얼마나 걸었는지 얼마나 많은 산을 오르내렸는지 또 얼마나 오솔길을 헤맸는지, 얼마나 많은 시간을 찾아다녔는지 몰랐다.

어느 날, 해가 서산마루에 빨갛게 타오르고 있을 때 젊은 사냥꾼은 산꼭대기를 향해 올라갔다. 그곳에는 통천호(通天湖)와 비란비란(碧藍碧藍)이라는 호수가 있었다. 아내는 그곳에도 없었다. 젊은 사냥꾼은 실망하여 통천호 옆에서 큰소리로 울었다.

"젊은이, 젊은이는 평소 아주 용감하더니 오늘은 어찌하여 약한 사람처럼 울며 눈물을 흘리지?"

젊은 사냥꾼은 화가 나서 머리를 들어 보았다. 그는 자기 사정을 모르고 마음대로 말하는 사람을 꾸짖어 주고 싶었다.

그런데 아무리 둘러보아도 호수 위를 날아다니는 고니 한 쌍외에는 사람의 그림자도 없었다.

젊은이는 눈을 의심하며 다시 사방을 둘러보았다. 마찬가지였다. 그는 벌떡 일어나 고니를 향해 말했다.

"고니야, 너희들은 나의 아버지, 어머니, 형제자매와 같다. 이곳에는 너희들을 제외하고 아무도 없다. 말 물을 사람도 너희들밖에 없다. 나의 사랑스런 아내가 어디 있는지 가르쳐 다오."

고니는 한숨을 쉬었다. 그리고 사람 소리로 말했다.

"왕이 나쁜 마음을 먹고 신이 있는 곳에서 흉악한 손을 내밀었습니다. 계속 앞으로 가시오. 젊은이는 용기가 있으니 가서 사랑하는 아내를 찾아오시오."

젊은 사냥꾼은 용기를 내어 아내를 찾아가겠다고 결심했다. 바로 그때였다. 갑자기 사슴 한 마리가 나타나더니 옆으로 휙 지나갔다. 순간 젊은 사냥꾼은 날쌔게 활을 당겨 사슴을 쓰러뜨렸다.
"배가 고픈데 정말 잘 됐다!"
사냥꾼이 다가가서 사슴 가죽을 벗기고 고기를 먹으려 하는데 갑자기 사슴은 보이지 않고 한 늙은 노인이 껄껄 웃으며 그를 향해 걸어왔다.
"젊은이, 이 험한 산속에서 혼자 뭘하고 있느냐?"
사냥꾼은 자신의 불행한 일을 얘기해 주었다.
"그건 어려운 일이 아니야."
노인은 잠시 생각하더니 품속에서 사람의 소원을 들어주는 귀한 구슬인 오주(吾珠) 세 개를 주었다.
"자, 가져가거라. 만약 필요한 것이 있을 때마다 하나씩 꺼내어 소원을 말하여 보아라. 그 오주가 너를 만족하게 해줄 것이다. 그런데 한 가지 꼭 기억할 것은 네가 아내를 구해내면 죽을 때까지 함께 부지런히 일을 해야 한다."
젊은 사냥꾼은 노인에게 고맙다는 인사를 한 뒤, 왕이 사는 궁전으로 갔다.
그런데 이상한 일은 아무것도 먹은 것이 없는데 배는 조금도 고프지 않고 힘이 생기는 것처럼 느껴졌다.
궁전 입구에 도착해 보니 무섭게 생긴 보초들이 창을 들고 문을 지키고 있었다. 그들은 사냥꾼이 들어가지 못하게 창으로 막았다. 젊은 사냥꾼은 그들을 한 명씩 쳐 눕히고 계속 안으로 들어갔다.

그때 보초 중 한 명이 먼저 왕에게 달려가 사실을 알렸다. 왕은 장군들과 대신들 그리고 무사와 모든 병력을 동원하여 젊은 사냥꾼과 싸울 준비를 했다. 왕은 몇 겹 둘러싼 병정들 중앙에서 지휘를 했다.

"저놈을 잡아라!"

젊은 사냥꾼은 조금도 당황하지 않고 오주를 하나 꺼내어 말했다.

"가서 궁전의 벽을 무너뜨려라!"

그러자 갑자기 궁전 기둥과 벽이 와르르 무너졌다. 왕과 대신 그리고 장군과 무사, 병정들이 대경실색하고 놀라 벌 떼처럼 달려가 목숨만 구해 달라고 애원했다.

"제발 살려만 주시오."

"살려만 주시면 당신을 위해 무슨 일이라도 하겠습니다."

젊은 사냥꾼은 다시 두 번째 오주를 꺼내어 말했다.

"나의 사랑하는 아내를 찾아다오."

그러자 눈 깜짝할 사이에 그의 아내가 와 있었다. 두 사람은 서로 껴안고 행복한 눈물을 흘렸다

젊은 사냥꾼은 세 번째 오주를 꺼내어 말했다.

"왕궁을 모두 불태워 버려라!"

왕궁은 금세 잿더미가 되었고 왕과 장군 대신, 무사와 병사들은 모두 불에 타 죽어버렸다.
 젊은 사냥꾼과 아내는 집으로 돌아가 행복하게 살았다. 그리고 노인과의 약속을 지켜 열심히 일하고 또 사냥을 가서도 하루에 열 번씩 아내를 보러 왔고 아내도 그때마다 남편 마중을 나갔다.

세 끈쟈 이야기

옛날, 어느 곳에 '끈쟈(根加)'라고 부르는 세 사람이 있었는데 한 명은 토사 끈쟈, 또 한 명은 목수 끈쟈, 다른 한 명은 집 관리인 끈쟈였다.

목수 끈쟈에게는 아리따운 아내가 있는데 집 관리인 끈쟈가 항상 눈독을 들이며 호시탐탐 빼앗아갈 기회만 노리고 있었다.

얼마 뒤, 토사 끈쟈의 아버지가 죽었다.

머리 회전이 빠른 집 관리인 끈쟈는 이때가 목수 끈쟈를 죽이고 그의 아내를 빼앗을 수 있는 가장 좋은 기회라 생각했다.

그래서 그는 날마다 몰래 경문에 나오는 옛 글자를 따라 쓰기 연습을 하였다.

그가 아주 잘 쓰게 되었을 때, 그는 오래되고 심오한 필체로 한 장의 글을 써서 토사에게 보여주며 말했다.

"토사님, 제가 길에서 고문서 한 장을 주웠는데 글자를 아무리 보아도 한 자도 알 수 없군요. 혹시 토사님께서는 아시겠지 하고 보여 드리러 왔습니다."

토사 끈쟈도 알아볼 수 없어 그의 아래에서 문서를 담당하는 사람에게 보였다. 문서를 관리하는 사람이 말했다.

"보아하니 이것은 돌아가신 전 토사님께서 보내신 것입니다. 내용은 하늘나라에 가서 벼슬을 하고 있는데 아직 올바른 막사가 없답니다. 막사를 지을 기술 좋은 목수 한 명을 보내 달라고 하셨습니다."

토사 끈쟈는 언제나 아버지를 그리워하고 있었는데, 하늘나라에 가신 아버지가 살 집이 없다는 그 글을 보고 너무 가슴이 아팠다. 그는 즉시 목수 끈쟈를 불러오라 하여 그것을 보여주며 즉시 하늘나라에 가라고 했다.

목수 끈쟈는 그 말을 듣고 어이가 없었지만 감히 토사의 청을 거절할 수 없어 말했다.

"주인님의 분부인데 어찌 안 갈 수 있겠습니까? 그런데 이레 만 기다려 주세요. 이레 동안 하늘나라에 갈 준비를 하겠습니다. 그리고 올라가는 날 저의 집 뒤에 장작을 쌓고 연기를 피워 주십시오. 그럼 저는 그 연기를 타고 하늘로 올라가서 돌아가신 전 토사님의 막사를 고쳐드리고 오겠습니다."

토사 끈쟈가 생각해 보니 그의 말이 이치에 맞는 것 같아 바로 그렇게 하겠다고 대답했다.

　목수 끈쟈는 토사의 그런 생각이 어디서 나왔는지 궁금하여 여기저기 다니며 물어 보았다. 아니나 다를까 그것은 집 관리인 끈쟈가 주워 온 옛글로 된 편지를 읽고 그런 생각을 한 것이었다.

　앞뒤 일을 생각해 보니 그것은 완전히 집 관리인 끈쟈의 꿍꿍이란 것을 알고 돌아가 아내와 의논했다.

　"토사님께서 나에게 하늘나라에 가서 궁막사를 수리하라고 하셨는데 이 얼마나 황당하고 웃기는 일입니까? 하지만 토사의 분부이니 거절할 수도 없어 집 뒤에서 나를 화장하여 하늘로 보내 달라고 부탁을 했죠. 지금에 와서 어떻게 할 수 없으니, 우리 두 사람이 아무도 안 보는 밤에 안방으로 통할 수 있는 지하 동굴 하나 파야겠어요. 그리고 집 안에만 숨어 있으면 목숨을 구할 수 있을 것 같소. 다른 것은 일 년 뒤 방법을 생각해 봅시다."

　아내는 그 말을 듣고 소스라치게 놀라며 마음속으로 집 관리인을 원망했다. 그녀는 남편의 안전을 위해 그렇게 하기로 하고 두 사람은 밤이 되면 몰래 땅굴을 파기 시작했다.

　이레가 되는 날 땅굴은 이미 완성되었다. 그들은 땅굴 입구를 큰 돌로 막고 그 위에 흙을 뿌려 사람들이 알아보지 못하게 하였다.

약속한 여드렛날, 그날은 목수 끈쟈가 하늘에 올라가기로 한 날이었다. 토사 끈쟈는 목수 끈쟈를 하늘나라에 보내는 의식으로 그의 신하들과 집 관리인, 그리고 악대를 데리고 왔다.

 일꾼들이 뒤뜰에 장작을 다 쌓자 토사 끈쟈는 목수 끈쟈에게 그 위로 올라가라고 말했다. 목수 끈쟈는 연장과 다른 물건을 등에 지고 장작더미 위로 올라갔다.

 잠시 후, 장작에 불이 붙고 연기가 하늘을 향해 치솟았다. 집 관리인 끈쟈가 큰소리로 말했다.

"빨리 나팔을 불고 악기를 연주하여라! 큰소리로 웃으며 맹수처럼 울부짖어라! 목수 끈쟈는 하늘나라에 궁막사를 수리하러 갔으니 그 얼마나 좋은 일이냐!"

집 관리인 끈쟈가 치솟는 연기를 가리키며 말했다.

"토사 끈쟈님, 보세요. 저것이 바로 목수 끈쟈가 타고 갈 말이죠. 그는 곧장 하늘로 올라갈 것입니다."

사람들이 그렇게 떠들고 있을 때 목수 끈쟈는 장작에 불이 붙어 연기가 오르는 틈을 타서 돌 뚜껑을 열고 지하 동굴을 통하여 자기 집 안방으로 들어갔다.

그리고 한 해 동안 한 번도 밖으로 나가지 않고 우유랑 치즈 등 영양가 높은 음식만 먹고 살았다. 운동을 적게 하니 피부도 하얗고 살도 통통하게 쪘다.

목수 끈쟈가 죽은 줄 알고 집 관리인 끈쟈는 온갖 방법으로 목수 끈쟈의 아내를 유혹했다. 하지만 그녀는 그럴 때마다 피하고 보아도 아는 체도 하지 않았다.

한편, 목수 끈쟈도 집에 숨어 있으면서 오래된 경문을 보고 그대로 쓰는 연습을 열심히 하여 이제 비슷하게 쓸 수 있게 되었다. 목수 끈쟈는 오래된 문자 몇 자를 종이에 썼다.

목수 끈쟈가 하늘나라에 올라간 지 꼭 일 년이 되는 날이었다.

그는 행낭을 지고 일 년 전 그를, 화장한 뒤뜰에 서서 큰 소리로 외쳤다.

"이웃에 사시는 여러분들 안녕하세요. 나는 오늘 하늘에서 돌아왔습니다."

그 소리에 제일 먼저 목수 끈쟈의 아내가 달려나가서 보고 일부러 몹시 놀란 표정으로 토사 끈쟈에게 보고했다.

토사 끈쟈는 목수 끈쟈가 돌아왔다는 소리를 듣고 매우 기뻐했다. 왜냐하면 하늘나라 아버지의 집을 수리하고 왔으니 즉시 사람들을 시켜 나팔을 불고 악기를 연주하여 목수 끈쟈를 크게 환영하라 지시했다. 그리고 돌아가신 아버지 토사 끈쟈의 안부를 묻기 위해 그를 궁막사로 초대했다.

목수 끈쟈는 토사 끈쟈를 만나 무슨 할 말이 있는 것처럼 뜸을 들이다 말했다.

"제가 하늘나라에 가서 전 토사님의 궁막사를 수리해 드렸더니 전 토사님은 저에게 복에 넘치는 대우를 해주셨습니다. 그래서 이렇게 살도 찌고 피부도 뽀얗게 되었습니다. 부탁하신 대로 하늘나라 궁막사는 훌륭하고 아름답게 수리되어 토사님의 궁막사보다 열 배나 더 큽니다. 그런데 전 토사님께서는 그 큰 궁막사를 관리할 사람이 없어 걱정하시면서, 집 관리인 끈쟈 생각이 나셨던지 그가 와서 관리해 주면 정말 좋을 것 같다고 하셨습니다."

목수 끈쟈는 그렇게 말하고 한 장의 옛글로 된 편지를 내보이며

"전 토사님께서 주신 글입니다. 보십시오."

하고 토사 끈쟈에게 주었다. 토사 끈쟈는 그 글을 보고 그대로 믿고 바로 집 관리인 끈쟈에게 하늘나라에 가서 새 궁막사를 잘 돌보아 달라고 했다.

집 관리인 끈쟈는 목수 끈쟈가 죽지 않고 무사히 돌아왔으며 거기다 살도 찌고 피부까지 하얀 것을 보고, 또 하늘나라에서의 일을 현실처럼 이야기하는 것을 듣고 믿어야 할지 말아야 할지 몰랐다. 그는 곰곰이 생각해 보았다.

"내가 신선도 아닌데 나더러 하늘나라에 가라고? 목수 끈쟈가 과연 하늘나라에 갔을까? 잘못하다간 정말 하늘나라에 가는 것이 아닐까? 전 토사님이 정말 하늘나라에 살고 있으며 목수 끈쟈가 궁막사를 수리했을까?"

의심스럽다고 해서 토사의 명을 어길 수도 없을 처지라 그도 목수 끈쟈처럼 이레 동안 준비 기간을 달라고 했다. 그리고 자기 집 뒤에서 화장시켜 주기를 원했다. 마침내 그는 목수 끈쟈도 돌아왔는데 자기도 돌아올 것이라 믿었다.

여드레째 되는 날, 그는 하늘나라에서 사용할 물건 몇 가지를 배낭에 넣고 장작더미 위로 올라갔다. 토사 끈쟈가 나팔을 불고 악기를 연주하라고 했다. 그리고 불을 붙이라고 명령했다.

그런데 집 관리인 끈쟈와 목수 끈쟈의 결과는 완전 달랐다.

착한 한 사람은 멀쩡한데 마음씨 나쁜 다른 한 사람은 잠시 후 시커먼 뼈로 변하여 영영 돌아오지 않았다.

남의 아내를 가로채려던 마음씨 나쁜 집 관리인 끈쟈는 아마 하늘나라에서 오늘까지 전 토사의 궁막사를 돌보고 있을지 모른다.

떠돌이 장사꾼과 아가씨

옛날, 높고 높은 설산 꼭대기에 근청양모신(根靑讓母神)을 모시는 절이 있었다. 그리고 절 옆에는 라마교를 믿는 사람들의 집도 몇 채 있었다.

사람들은 땅 위의 모든 일뿐만 아니라 사람의 수명까지 관리하는 근청양모신과 천 개의 손을 가진 천수불(千手佛)을 지성껏 믿고 있었다. 그래서 하루에도 시간마다 초마다 마리(嘛哩 - 육자대명)를 외우며 그들의 행복을 빌었다.

그 사람들 중에는 나이 많은 어머니와 딸 두 사람만 사는 집이 있었다. 두 사람은 씨를 뿌릴 땅도 많지 않고 도와줄 사람도 없어, 나무를 하고 물을 긷는 등 힘든 집안일을 두 사람이 직접 했고 생활도 몹시 어려웠다.

그런데 어느 날부터 어머니는 무슨 근심이 있는지 마리를 더 열심히 외웠다. 딸이 갈수록 예쁘게 커 시집갈 때가 되었기 때문이었다. 그래서 어머니는 아침마다 일찍 금과 비취로 그린 근청양모신 앞에서 기도를 올리며 간절하게 빌었다.

"위대한 신이시여! 저의 딸이 이제 다 자라 성인이 되어 시집갈 때가 되었습니다. 그런데 누구에게 보내야 할지 가르쳐 주시면 그대로 할 테니 말씀해 주십시오. 빨리 시집보내지 않으면 딸도 나처럼 한평생 고생하며 살 수밖에 없습니다. 만약 신께서 영험하시다면 직접 가르쳐 주시든지 꿈에 나타나서 일러 주셔도 좋습니다."

나이 많은 어머니는 매일 그렇게 기도를 했다.

그런데 자주 절에 와서 라마교인들에게 물건을 팔기도 하는 젊은 떠돌이 장사꾼이 있었다.

어느 날 아침, 그는 우연히 노부인의 기도 소리를 엿듣게 되었다.

그는 두 사람이 기도를 하느라 주의하지 않는 틈을 타서 그들 모녀의 모습을 자세히 볼 수 있었다. 딸은 너무나 아름다웠다. 젊은 장사꾼은 순간 어떻게 해서라도 그녀를 데리고 가서 두 번째 아내로 삼겠다고 마음먹었다.

실은 그의 집에는 아내가 있으니 총각이라고 속일 수밖에 없으며, 노부인의 딸을 데리고 간다 하더라도 아내가 모르는 다른 곳에 숨겨둘 수밖에 없는 처지였다.

그는 어떻게 하면 노부인의 딸을 데리고 올까 그리고 어떻게 그녀를 편안하게 해줄까 하고 고민을 했다. 생각 끝에 한 벌의 새 옷과 한 꾸러미 마니주(牟尼珠)를 샀다. 그리고 아무도 없을 때 절 안으로 들어가서 근청양모신의 그림 뒤에 숨었다.

그날 밤, 그는 돌아가지 않고 그곳에 숨어 있었다. 이튿날 아침 일찍, 두 모녀는 수유 등에 불을 켜고 기도를 올리러 왔다. 나이 많은 어머니는 이렇게 기도했다.

"대자대비하신 신이시여! 저는 이미 늙어서 조만간에 죽을 몸입니다. 그런데 죽기 전에 결정해야 할 문제가 있습니다. 비옵건대 저의 딸이 비구니가 되는 게 좋을지 아니면 시집가는 게 좋을지 알고 싶습니다. 제발 말씀해 주세요. 바로 말씀해 주시든지 아니면 꿈에라도 나타나서 가르쳐 주십시오. 신께서 가르쳐 주셔야 저의 마음이 놓이겠습니다."

기도를 끝내고 노부인은 쉬지 않고 마리를 외우며 계속 절을 했다.

그때 젊은 장사꾼은 근청양모신 그림 뒤에서 코를 잡고 이상한 목소리로 말했다.

"성실한 여인아. 잘 들어라! 너의 딸은 역시 시집가는 게 좋겠다. 여승이 되면 안 돼. 기다리면 내일 아침 새 옷을 입고 손에 마니주를 든 훌륭한 청년이 나타날 것이니 그가 바로 사위가 될 청년이다. 너는 딸을 꼭 그 청년에게 시집보내야 하며 그렇게 하지 않으면 내가 벌을 내릴 것이다."

늙은 어머니는 그의 말을 모두 근청양모신의 말이라 곧이 듣고 기뻐서 어쩔 줄 몰랐다. 늙은 어머니는 머리를 조아리며 계속 작은 소리로 말했다.

"신께서 말씀하셨으니 꼭 그대로 따르겠습니다. 내일 그 청년을 만나면 딸을 꼭 그에게 시집보내겠습니다. 제가 믿을 데는 신뿐입니다. 감사합니다."

노부인은 말을 마치고도 계속 절을 했다. 그녀가 떠난 뒤 젊은 장사꾼은 절을 빠져나갔다.

이튿날 아침, 그는 일찍 새 옷을 입고 마니주를 손에 들고 절로 갔다. 늙은 어머니는 장사꾼 청년을 보자마자 딸에게 말했다.

"보아라, 이분이 신께서 일러주신 바로 그 청년이다. 너의 남편감이란 말이야."

늙은 어머니는 다시 젊은 장사꾼을 보고 박수를 치며 말했다.

"근청양모신의 말씀과 조금도 다르지 않아. 새 옷에 마니주를 들고 있는 청년, 정말 영험이 많은 신이야!"

늙은 어머니는 떠돌이 장사꾼을 아주 정중하게 대하였다. 그리고 그를 집으로 초청하여 윗자리에 앉히고 맛있는 음식을 차려 극진히 대접했다.

두 사람은 오랫동안 근청양모신의 영험에 대해 이야기를 나누었다. 늙은 어머니는 청년에게 딸과의 혼인을 허락하고 딸을 데리고 가서 아내로 맞이하라고 했다. 그리고 근청양모신의 말대로 이루어지길 바랐다.

노파는 또 평생 모은 몇 푼 안 되는 돈과 산호구슬 몇 개까지 그에게 선물로 주면서 딸을 잘 보살펴 주라고 부탁했다.

떠돌이 장사꾼은 공손하게 대답하고 속으로 좋아했지만 딸은 비록 신이 점지해 주었다 하더라도 조금도 마음에 들지 않아 그를 따라가고 싶지 않았다.

딸이 말했다.

"어머니, 저 사람은 정말 무서워요. 어머니는 딸이 나쁜 사람의 손에 넘어가는 것이 무섭지 않나요?"

나이 많은 어머니는 화를 내며 말했다.

"착한 딸아, 너는 어떻게 근청양모신을 모독하는 그런 말을 하느냐? 너는 신께서 내릴 벌이 두렵지 않아? 더 이상 말하지 말고 어서 이 사람을 따라 가거라. 신께서 점지해준 분이 틀림없어."

노파는 그렇게 말하며 어서 따라 가라고 재촉했다.

딸은 하는 수 없어 울면서 떠돌이 장사꾼을 따라나섰지만 무섭기도 하고 또 자기가 생각하는 남편감이라고는 믿음이 가지 않았다.

두 사람은 아주 먼 길을 걸어갔다. 딸은 평소 한 번도 가 본 적이 없는 길이라 힘들고 발이 아파서 더 이상 걸어갈 수 없어 그만 길가에 주저앉아 버렸다.

젊은 장사꾼은 아가씨가 자기를 좋아하지 않아서 그렇게 하는 줄 알고 두려운 생각이 들었다.

그는 부근 마을 사람들에게 부탁하여 아가씨를 태우고 갈, 나무 상자를 하나 얻어 왔다. 그리고 아가씨에게 나무 상자 안에 들어가 앉으라 하고는 상자와 아가씨를 함께 지고 갔다.

떠돌이 장사꾼은 아가씨의 어머니를 처음 만난 자리에서 자기는 돈이 많으며 큰 집도 한 채 있고 남녀 종도 여러 명 있다고 했지만 실은 그가 가진 것은 아무것도 없었다. 그는 임시방편으로 허름하고 형편없는 방 한 칸을 빌려 놓았을 뿐이었다.

그가 준비해 놓은 집에 거의 도착했을 때, 혹시나 아가씨에게 탄로날까 두려워 먼저 상자를 내려놓고 말했다.

"부인, 집은 여기서 그렇게 멀지 않아요. 내가 먼저 가서 사람을 시켜 부인을 모시고 가도록 할 테니 여기서 조금만 기다려 주시오. 실은 신께서 우리의 결혼을 너무 급하게 서둘러 아무런 준비를 못했어요. 그리고 이곳은 늑대가 자주 나타나 죽은 사람이 많으니 상자 안에서 나오지 말고 내가 올 때까지 잠이나 자고 있어요. 갔다가 바로 당신을 모시러 올게요."

아가씨는 어쩔 수 없어 시키는 대로 상자 안에서 기다리기로 했다. 그런데 생각하면 할수록 자신도 모르게 눈물이 났다.

한편, 떠돌이 장사꾼은 아가씨에게 잠을 자라고 한 뒤, 상자 뚜껑을 닫고 그래도 사람들이 모르게 그 위에 모래와 풀을 덮었다. 그리고 급하게 마을로 달려갔다. 그는 먼저 이웃집에 가서 가구와 먹을 것을 빌리기로 했다.

"고향에서 아내가 오는데 필요한 물건들을 좀 빌려 주십시오. 그런데 그녀는 성질이 아주 고약한 여자라 혹시 우리가 싸우고 다투더라도 절대로 와서 말리지 마십시오."

떠돌이 젊은이는 필요한 물건들을 빌리고 또 급하게 방을 꾸몄다.

그가 한참 방을 꾸미고 있을 때 동산(東山)의 대토사가 집 관리인들과 함께 사냥개 한마리를 몰고 사냥을 나왔다. 그들이 상자 옆을 지나갈 때 갑자기 사냥개가 짖어댔다. 토사는 이상한 생각이 들어 재빨리 활을 당겼다. 화살은 정확하게 상자에 박혔다.

토사는 부하를 시켜 모래와 풀을 치우고 보니 하나의 나무 상자가 나왔다. 그리고 상자를 열어보니 안에는 겁을 먹고 떨고 있는 불쌍한 아가씨가 있었다.

모두 이상한 생각이 들어 고개를 갸우뚱거렸다. 토사가 직접 아가씨에게 물었다.

"아가씨는 왜 상자 안에 갇혀 있어요?"

아가씨는 겁이 나 떨면서 말했다.

토사는 아가씨로부터 이야기를 듣고 모든 것을 알았다.

토사는 사람을 시켜 상자 안에 아가씨 대신 사나운 사냥개 한 마리를 넣고 그 위에 원래대로 풀과 모래를 덮어 두라고 명령했다. 그리고 바람처럼 사라졌다.

떠돌이 장사꾼은 방을 다 정리한 뒤 아가씨를 데리러 왔다. 그는 곧바로 상자를 메고 그가 빌려 놓은 집으로 갔다.

그는 가면서 생각했다.

'내가 방 정리를 잘해 놓았으니 조금은 안심하고 순순히 나의 아내가 될 것이다. 그래도 말을 듣지 않을 때는 화난 모습을 보여주고 그녀가 어떻게 하는지 봐야지. 그리고 이웃 사람들에게는 미리 말해 놓았으니 아무도 오지 않을 거야.'

그는 방으로 들어가서 먼저 문고리를 걸고 상자뚜껑을 열었다.

"부인, 이제 나오셔도 됩니다."

그런데 이게 웬일인가? 상자 안에서 나온 것은 아가씨가 아니라 사나운 사냥개가 아닌가? 떠돌이 장사꾼이 놀라서 뒤로 물러서는데 사냥개는 사정없이 덤벼들어 물었다.

"사람 좀 살려 주세요!"

그가 고래고래 소리를 질렀지만 이웃 사람들은 아내의 성격이 괴팍하니 오지 말라는 이야기를 들었기에 아무도 가지 않았다.

날이 밝을 때까지 방 안에서는 아무런 소리도 들리지 않았다. 그런데 한참 뒤 방 안에서 개짖는 소리가 들렸다. 이상하게 생각한 이웃 사람들이 가서 문을 열고 보았다.

순간 사냥개는 놀라 밖으로 도망쳤고 방 안에는 개에 물려 피투성이가 된 사기꾼 젊은이가 쓰러져 있었다.

그는 실낱처럼 가는 숨을 쉬며 곧 죽을 것같이 보였다.

한편 늙은 어머니는 딸이 사기꾼에게 속아 결혼할 뻔했던 것을 몹시 후회하면서, 다시는 신에게 딸의 신랑감을 점지해 달라는 그런 부탁은 하지도 믿지도 않았다.

총명한 딸

 높은 추오쓰쟈(綽斯甲) 산 위에 두 명의 아들과 딸 한 명을 가진 노부부가 살고 있었다.
 딸이 먼저 시집을 가자, 얼마 안 가 두 아들도 아내를 얻어 모두 부지런하게 살았다.
 어느 해, 노부인이 시름시름 앓더니 세상을 뜨고 이어 두 아들마저 병으로 죽었다. 그렇게 되자 노인 혼자 농사를 지을 수 없어 두 며느리가 집안일이며 농사일까지 하게 되었다.
 처음 몇 년간은 전처럼 대하던 두 며느리도 몇 해가 가자 슬슬 나이 많은 시아버지를 구박하기 시작했다. 노인은 물을 긷고, 나무를 하고, 눈보라 속에서 소와 양들을 먹이는 힘든 일까지 혼자서 해야 했다.
 두 며느리는 그러면서도 노인에게 곰팡이 핀 딱딱한 빵을 먹으라고 주었다.

　노인은 하루하루 초췌해져 갔고 금방이라도 세상을 떠날 것 같았다. 곰팡이 핀 빵도 끼니마다 주는 것이 아니라 하루에 한 번밖에 주지 않아 노인은 자주 굶고 일했으며, 한 번은 배고프다는 말을 했다가 며느리로부터 쫓겨날 뻔까지 했다. 노인은 하도 배가 고파 먼 곳에 살고 있는 딸에게 먹을 것을 보내 달라는 편지를 쓰고 싶었지만 그것마저도 잘 되지 않았다.

　어느 날, 노인은 소를 몰고 사람들의 왕래가 많은 곳으로 갔다. 마침 어떤 사람이 햇볕을 쬐며 졸고 있었다. 노인은 그에게 말은 못하고 다른 사람들이 지나가면 부탁해야겠다라고 생각을 하고 길가에서 기다리다 그만 잠이 들었다.

　마침 그때 한 무리의 소를 몰고 지나가는 사람들이 있었다.

　앞에서 소를 끄는 사람이 계속 이랴! 이랴! 소리치며 가다가 노인을 보고는 큰소리로 말했다.

　"여보시오, 노인장! 어떻게 길가에서 주무시오? 소에 채여 죽기라도 하면 어쩌시려고요?"

　노인은 그 고함소리에 잠이 깨어 급히 길을 비켜주고 공손하게 말했다.

　"소를 모는 형씨들, 내 딸에게 어머니와 오빠들은 벌써 죽고 아버지 혼자 살아 있지만 많은 소와 양들을 먹이는 힘든 일을 하고 있는데, 식사래야 굳은 빵 몇 조각과 소의 피 말린 것이

고작이며, 거품도 나지 않는 맹물 같은 술을 마시며 매일 며느리들에게 설움을 받고 있다고 말 좀 전해 주시오. 제발 부탁합니다."

소몰이들은 노인의 딱한 사정을 듣고 동정하며 그 길로 딸의 집을 찾아갔다. 그들은 노인의 말을 그대로 딸에게 전해주었다. 딸은 그 말을 듣더니 목을 놓아 울었다.

"아이고, 불쌍한 아버지! 아버지가 그렇게 고생하실 줄은 몰랐어요. 그렇게 쇠약한 몸으로 소와 양을 먹이는 힘든 일을 하면서 굳은 빵과 냉수를 마시며 살아가신다니 가슴이 미어질 듯 아픕니다!"

딸은 소몰이들의 돌아갈 날짜를 물었다. 그리고 집으로 가서 가장 귀중하게 여기는 송이옥(松耳玉)을 숨긴 한 장의 벽돌을 진흙으로 만들었다. 소몰이들이 떠나는 날, 딸은 그 벽돌을 주며 부탁했다.

"저의 아버지에게 꼭 전해주십시오. 이 벽돌을 받은 뒤 쪼개어 보시고 안에 들어 있는 것을 잘 보관하고 있으면 평생 편안하게 살 수 있을 것이라 하세요!"

한편, 노인은 딸의 답을 기다리느라 매일 소몰이들이 지나다니는 길목에 앉아 먼 곳을 바라보고 있었다.

며칠 뒤, 아니나 다를까 과연 그 소몰이들이 돌아왔다.

그들은 벽돌을 노인에게 주면서 딸의 말도 전했다.

노인은 그들에게 고맙다는 말을 한 뒤 사람들이 안 보는 곳으로 가서 벽돌을 쪼개어 보았다.

그 안에 귀한 송이옥이 들어 있었다. 그런데 노인은 아무리 생각해 봐도 딸이 그것을 주며 한 말의 뜻을 알 수 없었다.

"이것을 왜 팔지 말라고 했을까? 팔지 않고 어떻게 죽을 때까지 편하게 살 수 있지?"

노인은 집으로 돌아가서 생각해 봐도 도무지 알 수 없었다.

그날도 두 며느리는 노인을 보자마자 온갖 듣기 싫은 말을 다했다. 순간 노인은 그 송이옥의 용도를 알았으며 딸이 정말 총명하다고 생각했다.

그는 한 번 시험해 보기로 했다.

이튿날, 노인은 작은며느리가 없을 때 큰며느리를 불러 송이옥을 보이며 말했다.

"어제 어떤 소몰이가 딸이 주더라며 이 귀한 보배를 나에게 건네주고 갔어. 너도 알다시피 이 송이옥은 보배 중의 보배라 부르는 것이 값이란다. 그런데 나는 이것을 팔지 않고 갖고 있다가 죽을 때 꼭 너에게 주마!"

큰며느리는 그 말을 듣고 좋아하며 생각했다.

"저 영감탱이 앞으로 얼마 못 살 거야! 그러면 저것은 내 손에 들어오게 될 것이고 나는 하루아침에 부자가 되겠지!"

큰며느리는 그때부터 노인에게 말도 공손히 하고, 있는 것 없는 것 다 주며 구박하는 일도 없이 고분고분했다.

그리고 소를 먹이는 힘든 일도 시키지 않았고 곰팡이 슨 딱딱한 빵과 말린 소의 피가 아닌 맛있는 요리도 주었다.

며칠 뒤, 큰며느리가 밖에 나가고 없을 때 노인은 작은며느리를 불러 말했다.

"딸이 소몰이 편으로 보낸 귀한 것인데 이 송이옥은 너도 알겠지만 보배 중의 보배가 아니냐? 이 보배를 내가 죽으면 큰아이에게 주지 않고 작은아이 너에게 주려고 한다. 큰아이는 마음씨가 나빠 나를 지금까지 구박했지만 너의 마음은 큰아이와 다르다는 것을 나는 알고 있다. 이걸 꼭 너에게 주마!"

둘째 며느리는 좋아서 어쩔 줄 몰랐다.

"그래, 저 늙은이가 살면 얼마나 살겠나? 그래도 나를 잘 보았던 모양이지. 그 귀한 송이옥을 나에게 주겠다는 걸 보면."

두 며느리는 송이옥을 물려받기 위해 노인을 극진히 모셨다.

일 년 뒤, 노인이 자리에 눕게 되었다. 병이 심해지자 노인은 죽을 때가 되었다고 생각하고 송이옥이 들어 있는 벽돌을 화로 옆 서까래 끝에 숨겨 놓았다. 서까래 맞은편에는 큰 물항아리가 있었다.

노인은 두 며느리에게 말했다,

"딸에게 가능하면 빨리 한 번 왔다 가라고 전해다오. 나는 그 아이를 보고 눈을 감겠다. 만약 그 아이가 빨리 오지 못해

내가 죽게 되면 보배가 흑룡의 꼬리 위에 있으며, 흑룡의 그림자는 큰 바다에 있다고 전해다오."

며느리들은 사람을 시켜 노인의 말을 딸에게 전했다.

그러나 딸이 미처 오기 전에 노인은 눈을 감았다.

노인이 죽자 두 며느리는 집안 곳곳을 찾았다. 그래도 보배 송이옥은 나오지 않았다. 두 며느리는 송이옥을 손에 넣지 못해 가슴이 탔다.

얼마 뒤, 노인의 딸이 왔다. 딸은 아버지가 돌아가시기 전에 남긴 유언이 있었냐고 물었다.

"아버님께서 돌아가시기 전에 시누이가 오지 못하면 전하라고 하셨어요. '하나의 보배가 흑룡의 꼬리 위에 있으며 흑룡의 그림자는 큰 바다 안에 있다.' 하셨어요. 그런데 아무리 생각해도 그 말뜻을 알 수 없군요."

그러나 딸은 금방 알 수 있었다.

딸은 두 올케 언니가 없을 때 집 모퉁이 화로 옆에 있는 물항아리 쪽으로 갔다. 보니 항아리 안의 물에 몇 년간 화로 연기에 까맣게 그을린 서까래가 마치 흑룡처럼 비치고 있었다.

딸은 즉시 손을 뻗어 서까래 끝에 숨겨놓은 송이옥을 찾아 품속에 깊이 넣었다. 그리고 두 올케 언니가 돌아오자, 간다는 인사를 하고 자기 집으로 돌아갔다.

물고기가 웃는 이유

취제러쌍(曲皆洛桑) 왕은 2천 5백 명의 왕비와 너무 많아 계산할 수 없을 정도의 토지와 재산을 갖고 있었다.

하루는, 러쌍 왕이 강가에서 산보를 하고 다리를 건너가려는데 강에 물고기 한 마리가 왕을 보고 웃고 있었다.

왕은 마음속으로 생각했다.

"물고기가 왜 과인을 보고 웃고 있지?"

아무리 생각해 봐도 알 수 없었다. 그는 백성들을 불러 놓고 말했다.

"오늘 과인이 산보를 하다 강에 물고기가 웃는 것을 보았다. 누구라도 물고기가 웃는 이유를 얘기해 주면 그에게 나라의 절반을 주겠다."

그 말을 듣고 백성들은 의론이 분분했지만 아무도 물고기가 왜 웃는지 알지 못했다.

그때 한 젊은이가 벌떡 일어나 말했다.

"저는 연세 많은 어머니를 모시고 있는데, 사람이 연세가 많으면 아는 것도 많다고 합니다. 아마 저의 어머니께서는 알고 계실 거예요."

젊은이는 돌아간 즉시 어머니에게 있었던 일을 이야기하고 내일 함께 궁으로 가서 왕에게 설명해 드리자고 말했다.

그러나 나이 많은 어머니는 불쾌한 듯 말했다.

"나는 모른다. 네가 알고 있으면 너 혼자 가서 설명해 드려라. 만약 대답하지 못하면 국왕은 너의 목을 벨 것이다."

젊은이는 어머니도 모른다는 말을 듣고 마음이 조급해졌다. 그는 하는 수 없이 물고기가 웃는 이유를 아는 사람을 찾아 길을 떠났다.

도중에 그는 한 노인을 만나 이런저런 이야기를 하고 웃기도 하며 걸어갔다. 그들이 어느 작은 강가에 가서 보니 물 깊이는 무릎을 넘지 않았다.

젊은이가 노인에게 물었다.

"노인, 우리가 강을 건너야 하는데 노인께서 신을 벗겠습니까 아니면 제가 벗을까요?"

노인이 말했다.

"당연히 우리 두 사람 다 신발을 벗고 강을 건너가야지."

그래서 두 사람은 신발을 벗고 강을 건너갔다. 두 사람은 산 밑에 도착하여 쉬면서 함께 인절미 떡을 나누어 먹었다.

젊은이가 말했다.

"우리가 먹는 인절미는 맛이 없죠?"

노인은 아무 말도 않고 조금 먹고 계속 걸어갔다.

산 정상에 도착했을 때 둘 다 피로하여 땅바닥에 앉아 쉬었다. 그리고 남은 인절미를 다시 꺼내어 먹었다.

청년이 말했다.

"지금 인절미를 먹어 보니 아주 맛있죠?"

노인은 말했다.

"인절미 말인가? 당연히 맛있지."

청년은 산비탈의 청보리가 탐스럽게 익어가고 있는 넓은 밭을 보고 노인에게 물었다.

"저 보리밭은 누구의 것인가요?"

"우리 거야."

"그럼 노인께서는 인절미를 아직 안 드셨습니까? 아니면 벌써 다 드셨습니까?"

"인절미 말인가, 보리 말인가? 오, 그래!"

노인은 느긋하게 말했다.

"자네가 봐도 보리는 아직 밭에 그대로 있지 않은가?"

산을 내려오니 작은 집 한 채가 보였다.

청년이 물었다.

"저 집은 노인의 집입니까?"

"그렇다!"

"노인 집 솥에는 밥이 다 되었습니까? 아니면 지금 앉히려 합니까?"

노인은 젊은이가 도대체 무슨 말을 하는지 잘 이해할 수 없었다.

"자네의 질문이 어떻게 우리 집 밥까지 오게 되었지?"

이런저런 이야기를 하면서 노인의 집까지 왔다.

젊은이가 하룻밤 신세를 지려 하자 노인은 기꺼이 허락했다.

밤이 되어 노인의 딸이 물었다.

"아버지, 저 청년은 어디서 오셨어요?"

"길에서 만났는데 이상한 질문을 계속했어. 들어 보겠니? 우리가 강을 건너려 하는데 그가 나에게 '노인이 신을 벗겠어요? 아니면 제가 벗을까요?'하고 묻지 않겠니? 이건 무슨 뜻이냐?"

딸이 웃으며 말했다.

"아버지, 아버지는 어떻게 그걸 모르세요? 그는 아버지를 업고 갈까요? 아니면 아버지께서 젊은이를 업어 건네주시겠습니까? 하고 물었잖아요?"

"오, 그래 이제 알겠다. 그런데 자루 안의 인절미를 보고 산 밑에서는 '맛이 없죠?' 하더니 산꼭대기에 가서는 '맛있죠?' 하고 물었어."

"똑같은 떡이지만 산 밑에 있을 때는 배가 안 고파 맛이 없고, 산 정상에 도착했을 때는 배가 고파 특별히 맛이 있게 느껴지는 것입니다."

"그럼 우리 청보리 밭을 보고 '인절미를 다 먹었습니까? 아니면 아직 먹지 않았습니까?'하고 물었는데 그건 무슨 뜻이냐?"

"그건 아버지에게 빚이 있나 없나를 물어 본 거예요. 만약 빚이 있으면 청보리는 채권자가 가져가 먹을 것이고 빚이 없다면 아버지가 먹게 될 것이다, 라는 말이에요."

"그리고 우리 집 솥에 밥이 다 되었느냐? 아니면 밥을 하려 하느냐?고 물었는데 그건 무슨 뜻이냐?"

"아버지, 그것은 아버지의 딸이 시집을 갔느냐? 가지 않았느냐? 를 물은 거예요."

그런 질문에 대한 설명을 들은 뒤, 아버지와 딸은 그 젊은이가 아주 총명하다 생각하고 머물러 있게 했다.

이튿날, 노인은 딸을 시켜 젊은이를 오라고 한 뒤 물었다.

"자네는 어디서 왔으며 여기까지 어떻게 왔느냐?"

젊은이는 왕이 '물고기가 왜 웃지?'하고 물어 어머니께서 잘 아실 거라고 잘못 말한 것들을 모두 말해 주었다.

노인의 딸은 다 듣고 나서 말했다.

"신경쓰실 것 없어요. 우선 저의 집에 머물러 계세요. 우리 집에는 저와 나이 많으신 아버지뿐이니 밭을 갈고 소와 양을 먹이려면 많은 사람의 도움이 필요합니다. 만약 당신이 원한다면 우리와 함께 살 수도 있습니다. 그리고 당신을 도와 그 방법을 생각해내어 왕이 말한 나라의 반을 찾아오도록 하겠어요."

젊은이는 마음속으로 생각했다.

'그렇게 연세 많은 어머니도 모르는 것을 젊디젊은 저 아가씨가 어떻게 알겠어?'

그는 아가씨의 말을 믿을 수 없어 더 이상 그녀와 말씨름을 할 필요가 없겠다고 생각했다.

이레 뒤, 노인의 딸은 젊은이와 함께 젊은이의 어머니를 찾아갔다.

노인의 딸이 말했다.

"내일 왕에게 가서서 '물고기가 왜 웃는가.'하는 문제를 풀기 위해 집을 떠났다가 이제 그 문제를 풀고 돌아왔습니다. 이틀 뒤 대왕님께 말씀드리겠습니다.라고 말씀드리세요."

어머니는 그 이야기를 정말 그대로 왕에게 말했다.

이틀 뒤, 왕은 모든 백성들을 불러 모은 뒤 높은 왕좌에 앉아 젊은이의 대답을 기다리고 있었다.

젊은이는 계단 위로 올라가 먼저 문안을 올린 뒤 '물고기가 왜 웃는가?' 하는 문제를 풀기 위해 여러 곳을 다녔다고 말했다. 그리고 노인의 딸을 불러 설명하도록 했다.

노인의 딸은 낭랑한 목소리로 말했다.

"물고기가 왜 대왕님을 보고 웃었는지? 그 원인은 간단합니다. 대왕님 한 분이 2천 5백 명의 왕비를 모시고 있습니다. 대왕님은 그 젊은 아가씨들이 대왕님을 제외하고 세상 모든 남자들을 싫어할 것이라 생각하고 계시지만 사실은 그러하지 않았습니다. 물고기가 대왕님을 보고 웃은 것은 대왕님이 자기 자신을 너무 모르기 때문입니다. 제 말을 못 믿으시겠다면 오늘 밤 2천 5백 명의 왕비를 각각 다른 방에 자도록 하고 밤이 깊으면 2천 5백 개의 방에 자물통을 걸어 두세요. 그리고 날이 밝은 뒤 문을 열어 보세요."

그날 밤, 왕은 노인의 딸이 시킨 대로 했다.

이튿날 아침, 노인의 딸은 왕과 함께 가서 방문을 하나씩 열어 보았다. 아니나 다를까 왕비들은 모두 한 명의 다른 남자와 같이 있었다.

노인의 딸이 말했다.

"보세요. 한 명의 왕비도 진정으로 대왕님을 좋아하는 분은 안 계시지 않습니까? 그래서 물고기마저 대왕님을 비웃는 것입니다."

왕은 백성들이 다 보고 있는 데서 그 말을 듣고 부끄러워 어쩔 줄 몰랐다. 왕은 어쩔 수 없어 국토의 절반을 떼어 노인의 딸과 젊은이에게 주었고, 젊은이와 나이 많은 어머니 그리고 노인과 딸 네 명은 식구처럼 한 집에서 오래오래 행복하게 살았다.

요괴의 궁전

어느 높은 산 위에 아주 부지런한 농사꾼 부부가 살고 있었다. 그들에게는 딸 한 명과 아들 한 명이 있었는데 아이들이 몇 살 되지 않았을 때, 어머니가 갑자기 병이 나 자리에 눕게 되었다.

병은 날로 심해 갔고 어머니도 더 이상 살 수 없을 것 같다는 생각이 들었다. 하루는 두 남매를 불러 말했다.

"얘들아, 아무래도 내가 오래 살 것 같지 않구나. 그래서 아침, 저녁 너희들을 챙길 수 없을 것 같아. 앞으로 너희들은 고생이 많을 텐데 어쨌든 이겨내야 하며 아버지만 믿고 따르도록 하여라. 세상에서 제일 불행한 사람은 엄마 없는 아이들인데 이 일을 어떻게 하지?"

말을 마치고 어머니는 손으로 아이들과 남편을 가리키며 숨을 거두었다. 아버지는 집 뒤 양지바른 곳에 어머니를 묻고 시간 날 때마다 아이들과 함께 무덤에 가서 향을 피우고, 어머니가 살아 있을 때의 일들을 생각하며 눈물을 흘렸다. 그러나 두 아이들은 아직 철이 없어 어머니가 흙 속에서 자고 있는 줄로만 알았다.

산 위에 눈이 내리고 그 눈이 세 번이나 녹은 뒤, 그러니까 삼 년 뒤에 아버지는 집안일을 돌보아줄 새 아내를 맞이했다.

그런데 새어머니는 흉악한 여자라 그녀가 들어온 뒤로 아이들은 괴로운 나날을 보냈다.

그녀는 전처가 남긴 두 아이를 눈에 가시처럼 보았고 누가 있을 때나 없을 때나 욕을 하며 못살게 굴었다. 심지어 어른도 하기 힘든 나무를 해오라고 하고, 물도 길어오게 했으며, 소와 양에게 줄 풀을 베어오라 하면서도 밥도 제대로 주지 않았다.

그뿐 아니었다. 추운 겨울에도 두꺼운 옷도 주지 않고 신발도 기워 주지 않았다. 아이들의 손과 발은 얼어터져 걸을 수도 없게 되었다.

두 아이는 어머니가 숨을 거둘 때 한 이야기의 뜻을 알 수 있을 것 같았다. '세상에서 제일 불행한 사람은 엄마 없는 아이들이다.' 말 그대로였다.

정말 계모는 뱀보다 무서워 보기만 해도 소름이 끼쳤다. 남매는 캄캄한 밤에 서로 부둥켜안고 울곤 했지만 그러한 아이들을 보고도 아버지는 고개를 숙이고 한숨만 쉬었다. 그리고 아이들을 편드는 말은 한 마디도 하지 못했다.

얼마 뒤, 계모는 아이를 가졌다. 그녀는 앞으로 모든 재산을 자기가 낳은 아이에게 줄 생각으로 전처의 두 아이를 더욱 미워하였으며 기회만 있으면 없애버리려고 마음먹고 있었다.

하루는 계모가 갑자기 가슴이 아프다며 땅바닥을 구르면서 엄살을 부렸다. 그러자 남편은 놀라 달려가서 물었다.

"여보, 어디가 아파요?"

그녀가 말했다.

"이건 나을 수 없는 병인 것 같아요. 빨리 비구니가 있는 절에 가서 부처님께 빌어 봐요. 간절하게 빌었나, 안 빌었나 봅시다. 아이고, 내가 오래 못 살고 곧 죽을 것 같아요."

남편은 즉시 말을 타고 조금 떨어져 있는 사당으로 갔다. 남편이 나가는 것을 보고 계모도 벌떡 일어나 말을 타고 숲 속 지름길로 남편보다 먼저 사당에 도착했다.

계모는 평소 잘 아는 여스님과 짜고 이런저런 궁리를 했다. 그리고 라마승의 법복을 입고 부처의 이름을 외우며 남편이 오길 기다리고 있었다.

이 성실한 농부는 절 안으로 들어서자마자 향을 피우고 제물을 올려놓고 절을 하며 아내를 빨리 낫게 해 달라고 지성껏 빌었다.

그가 다시 절을 하려는데 법복을 입고 앉아 있는 대라마(大喇嘛)의 음성이 들렸다. 그 소리는 아주 장중하고 위엄 있었다.

불좌에 앉은 대라마가 말했다.

"너의 아내 병은 고칠 수 없다. 그러나 한 가지 방법은 너 전처의 아이들을 죽이는 것이다. 아이들을 구할 것인가 아내를 구할 것인가 빨리 한쪽을 선택하여라. 늦으면 안 된다. 이것은 신의 뜻이니 그렇게 알아라."

이곳의 풍습에 따르면 신의 말을 따르지 않는 사람은 한 사람도 없었다. 그런데 선량한 농부에게 그것은 너무나 곤란한 문제였다.

'아이들은 나의 피와 살이며 죽은 아내가 남긴 씨앗이다. 아내는 죽을 때까지 나와 함께 고생만 했는데 그녀가 남긴 새싹들을 어떻게 죽이란 말이냐? 그러나 눈앞에 새 아내가 죽어가는 걸 보고 가만히 있을 수도 없고……'

그의 머릿속에는 회오리바람이 불어 당장이라도 쓰러질 것 같았다.

그는 말을 타고 천천히 가면서 소리쳤다.

"하늘이시여, 내가 어떻게 하면 될까요?"

그는 천근 같은 다리를 끌고 한 걸음 한 걸음 집을 향해 갔다.

한편, 계모는 라마 법복을 벗어 놓고 절 뒷문을 빠져나가 말을 몰았다. 그녀는 먼저 집으로 돌아온 뒤 아무 일도 없었던 것처럼 침상에 누워 남편이 돌아오길 기다렸다.

그녀는 남편이 힘없이 돌아온 것을 보고 더 큰소리로 신음을 하며 곧 죽을 것처럼 뒹굴었다.

남편은 하는 수 없이 땔감을 쌓아 놓은 채 두 아이를 데리고 방으로 가서 서로 부둥켜안고 울었다.

그는 먹을 것이 들어 있는 보따리를 아이들 품속에 넣어주고 꼴망태를 하나씩 쥐어 주며 말했다.

"우리 산속으로 풀을 베러 가자. 그곳에 가서 맛있는 열매도 따먹고 오래오래 놀다 오자."

세 사람은 손을 꼭 잡고 집에서 멀리 떨어진 깊은 산속으로 들어갔다. 그들은 이미 반나절이나 걸었는데 그 사이 여러 개의 산을 넘고 개울을 건너 아이들이 집을 찾아 되돌아올 수 없는 곳까지 갔다.

그들은 산허리쯤에서 잠시 쉬었다가 다시 가기로 했다. 아버지가 떨리는 목소리로 말했다.

"얘들아, 너희들은 나와 죽은 너희 어머니의 뼈와 살이라서 내 손으로 어떻게 할 수 없구나.(그는 차마 그 소리를 크게 할 수 없어 자신만 들을 수 있는 작은 소리로 말했다.) 너희들은 꼴망태를 하나씩 갖고 있지? 풀을 베면서 계속 숲 속으로 들어

가거라. 그리고 빈 망태로 돌아와선 안 된다. 내가 여기서 불을 피워 연기를 내뿜을 테니 아버지가 기다리고 있구나 생각하고 계속 가거라. 배가 고프면 품속에 있는 빵을 조금씩 꺼내 먹고, 알겠지?"

그는 그렇게 말하며 불을 피워 연기를 내었다. 그리고 아이들의 머리를 쓰다듬어 주면서 고개를 돌려 소리 없이 눈물을 흘렸다.

열 살 된 누나와 여섯 살 된 동생은 서로 손을 잡고 숲 속으로 갔다. 그들의 그림자가 보이지 않자 아버지의 마음은 칼로 찌르는 것처럼 아팠다. 그는 반나절이나 잔디 위에 앉아 울었다.

그는 마치 악몽에서 깨어난 것처럼 갑자기 일어나 아이들을 찾아 숲 속으로 들어갔다. 그는 아이들의 이름을 불렀다. 그러나 메아리만 되돌아올 뿐 아이들의 대답 소리는 들리지 않았다.

"대답이 없는 걸 보니, 아주 멀리 갔거나 들짐승들이 물고 갔나 봐. 신이여, 그 불쌍한 것들을······."

그는 한동안 아이들의 이름을 부르다 긴 한숨을 쉬며 힘없이 발길을 돌렸다.

한편, 두 아이는 빨리 꼴망태를 가득 채워 돌아가야겠다고 생각했다. 그래야 계모에게 욕을 덜 얻어먹기 때문이다.

두 아이는 가면서 계속 풀을 베고 또 계속 집어넣어도 꼴망태는 차지 않았다. 꼴망태 밑이 빠져 있었기 때문이다.

해는 이미 져 나뭇가지 사이로 하늘의 별이 하나씩 보이기 시작했다. 두 아이는 마음이 조급했다. 빨리 꼴망태 가득 풀을 베어 아버지가 연기를 올리고 있는 곳으로 돌아가고 싶었다.

해는 완전히 져 칠흑처럼 깜깜한 숲 속에서 야수와 괴상한 새의 울음소리가 들리고 썩은 고목 사이에서 시퍼런 인불이 보였다.

두 아이는 돌아가려 했지만 아무것도 보이지 않았고 아버지가 기다리고 있는 곳의 방향도 알 수 없었다.

그들은 하루 종일 걸어 몹시 피곤했던지 한동안 울다가 자신도 모르게 나무에 기대어 잠이 들었다.

그들이 깨어났을 때는 이미 아침이었다. 햇빛은 마치 수천만 개의 금침처럼 눈을 찌르며 숲 속을 비추었고, 새들이 울어댔다.

누나가 동생을 흔들어 깨우자 동생은 주먹으로 눈을 비비며 말했다.

"어서 아버지 계시는 곳으로 가자!"

누나는 그래도 계모의 병이 걱정되었다. 그리고 눈물을 흘리며 기다리고 있을 아버지 생각이 나서 무척 괴로웠다. 그러나 지금 그들로서는 어떻게 할 수 없었다. 품속에서 빵을 꺼내어 동생에게 주었다.

  아버지 있는 곳으로 가려했지만 어디가 어딘지 알 수도 없고 연기도 보이지 않았다. 누나는 동생의 꼴망태를 대신 메고 발 가는 대로 걸어갔다. 그러다 피로하면 부둥켜안고 아버지를 부르며 울었다.

  "아버지, 아버지……."

  "조금만 더 참아."

  누나는 동생의 눈물을 닦아주며 부축하여 계속 앞쪽으로 걸어갔다.

  두 아이는 어렵게 숲을 지나고 풀밭을 지나 또 험한 산길을 지나 더 이상 갈 수 없어 땅바닥에 풀썩 주저앉고 말았다. 그런데 갑자기 그들 앞에 한 채의 화려한 궁전 같은 집이 나타났다.

  그 집은 산 중턱에 있었으며 대문과 계단은 모두 번쩍이는 금과 은이었다. 이런 산속에 아름다운 큰 집이 있는 것을 보고 두 아이는 이상하게 생각했다.

  그들이 계단 쪽으로 가서 위를 쳐다보는데 그때 갑자기 대문이 삐꺽하고 열렸다. 그리고 광대뼈가 툭 튀어나온 푸른 얼굴의 노파가 나와 빙그레 웃는 것이 아닌가? 두 아이는 무서워 꼴망태를 갖고 뒤로 물러섰다.

  노파는 가까이 오라고 손짓을 했다.

  "애들아, 들어와서 좀 쉬었다 가거라. 여기에는 난로도 있고 마실 차도 있고 빵과 치즈도 있어. 어서 들어와 쉬었다 가거라."

동생은 누나를 보고 누나는 동생의 눈치를 보았다. 두 아이는 어떻게 하면 좋을지 몰라 망설이고 있는데 노파는 이미 계단으로 내려와 두 아이의 손을 잡고 집 안으로 들어갔다. 두 아이는 겁이 나면서도 기분이 좋았다. 왜냐하면 어머니가 돌아간 뒤로 이렇게 손을 잡고 걸어본 적이 없기 때문이다.

집 안으로 들어가자 노파는 따끈한 차와 맛있는 과자 그리고 치즈와 고기까지 주며 먹으라고 했다.

노파가 말했다.

"이쪽으로 와서 불을 쪼이며 먹어. 그런데 애들아, 이 집이 어때?"

누나는 노파가 싫어할까 봐 급히 대답했다.

"할머니, 금 계단이 너무 멋있어요."

그 노파는 큰소리로 웃으며 말했다.

"애들아, 여기가 마음에 든다면 그냥 살아도 된다. 여기에는 너희들이 먹고 놀고 살아가는 데 부족함이 없을 거야."

그렇게 말한 뒤, 노파는 아래층으로 가서 말을 한 필 끌고 나왔다. 그리고 다시 올라와 아이들에게 말했다.

"이 안의 물건들을 만지지 마라. 불을 쬐다 피로하면 난로 옆에서 한숨씩 자고 절대로 위층 경당에는 들어가면 안 된다.

그리고 숲 속에도 가지 마라. 그곳에는 늑대가 있어 너희들을 잡아먹을 것이다. 지금 나는 산꼭대기에 가서 신을 모셔야 하는데 이건 내가 하는 일과란다. 다른 데 가지 말고 기다리고 있어야 한다."

말을 마치고 집 모퉁이로 가서 뚜껑에 일곱 개의 등이 있는 도자기를 가리키며 말했다.

"이 등을 끄거나 도자기를 깨뜨리면 너희들은 신의 벌을 받아 죽을 것이다. 손대지 않도록 하여라."

마지막에 노파는 자기가 한 말을 기억하겠느냐고 물었다. 누나가 고개를 끄덕이자 동생도 따라 고개를 끄덕였다. 노파는 안심하고 아래층으로 내려갔다.

노파는 말을 끌고 밖으로 나가 큰 자물쇠로 대문을 잠갔다. 그리고 대문 앞에서 세 번 씨익 웃고는 말을 타고 숲 속으로 달려갔다.

누나는 그녀가 인자한 사람인지 흉악한 마귀인지 알 수 없어 조금 겁이 났다. 더구나 노파가 문 밖에서 기분 나쁜 미소를 짓는 것을 보고 통 마음이 놓이지 않았다. 동생에게 물었다.

"말해 봐. 우리에게 먹을 것을 준 푸르스름한 얼굴의 할머니 어때?"

동생이 말했다.

"안 좋아. 마음에 안 들어. 정말 무서워. 빨리 아버지에게 돌아가고 싶어."

누나는 동생이 무서워할까 봐 더 이상 말하지 않았다. 누나는 바로 일어나 동생의 손을 잡고 이 이상한 집이 도대체 무엇을 하는 집이며 도망칠 수 있나 없나를 살펴보았다.

두 아이는 노파의 말도 듣지 않고 대담하게 위층으로 올라갔다. 보니 경당 기둥에 해부가 되어 있는 사람의 알몸이 매달려 있고 피가 한 방울씩 아래로 떨어지고 있었다.

"사람이 발가벗은 채 여러 군데 찢겨 있었어!"

누나는 소스라치게 놀라 급히 물러나왔다. 온몸이 오싹했다.

그곳은 산속 요괴의 집이었다. 그런데 어떻게 도망을 치지? 두 아이는 지붕 위로 올라갔다. 그러나 밖은 천 길 낭떠러지라 도망칠 수도 없었으며 문까지 꽁꽁 잠겨 있었다.

누나는 집 앞뒤 사방을 다니며 도망칠 곳을 찾았지만 방법은 찾지 못했다. 아무것도 모르는 동생은 계속 눈물을 뚝뚝 흘리고 있었다. 하는 수 없이 그들은 난로 옆으로 돌아왔다. 그런데 뚜껑에 일곱 개의 등이 달린 도자기가 정말 궁금해 견딜 수 없었다.

누나는 도자기에 손을 갖다 댔다. 한 줄기 차가운 기운이 등골을 타고 내렸다. 그러나 누나는 이미 노파의 모든 것에 의심을 품었기 때문에 노파가 산속에 사는 요괴라는 확신을 했다. 하지만 이미 요괴에게 잡혀 있어 빠르든 늦든 잡혀 먹힐 것이 뻔했다.

누나는 노파가 나가면서 당부하고 간 것을 어기고 대담하게 도자기의 뚜껑을 열어 보았다. 그런데 그 안에는 일곱 마리의 큰 톱니 발을 가진 까만 딱정벌레들이 있을 뿐, 그 외에는 아무것도 없었다.

누나는 깜짝 놀랐다. 노파가 왜 딱정벌레를 만지지 말라고 했는지 알 수 없었다. 그러나 산요괴의 집이니 그것 역시 사람을 해치는 데 쓰일 것이라 생각했다.

'사람을 잡아먹고 사는 요괴 놈들아, 우리가 너희 놈들에게 먹혔는데 어떻게 이 검정 딱정벌레를 그냥 둘 수 있겠나? 우리는 죽어도 너희 놈들이 더 이상 사람을 해치지 못하게 해주겠다.'

누나는 그렇게 생각하며 대담하게 그 도자기를 들고 와서 난로 불 속에 쏟아 버렸다. 까만 벌레들이 불 속에서 몸부림치며 타 죽는 것이 보였다. 그 중 어떤 놈은 밖으로 튀어나와 몸부림을 쳤다.

누나는 나뭇가지를 사용하여 벌레를 다시 불 속에 집어넣었다. 딱정벌레들은 삽시간에 모두 배가 터져 악취를 내며 타 죽었다.

그때였다. 집 밖에서 급하게 달려오는 말 발자국 소리가 났다. 누나는 급히 동생을 데리고 지붕 위로 올라가 밖을 보았다. 여섯 명의 검은 요괴와 노파가 몸에 불이 붙은 채 대문 앞으로 달려오고 있었다. 그런데 그들은 계단까지 와서 땅바닥에 쓰러지는 것이 아닌가? 마치 난로 속 딱정벌레처럼 몸부림을 치더니 잠시 후 모두 까만 재로 변해 버리는 것이었다.

그 뒤로 아무 소리도 들리지 않았다. 또 두 아이를 괴롭히는 것도 없었다. 그래도 누나는 완전히 죽지 않은 요괴들이 다시 찾아와서 복수를 할까 봐 두려웠다. 그리고 혹시 요괴들의 이웃과 친척들이 찾아와 복수를 하지 않을까 걱정이 되었지만 오랫동안 기척이 없었다.

누나는 갑자기 어머니가 살아 있을 때 들려 준 '산속 요괴가 집을 나설 때는 그들의 영혼을 집 안에 두고 다닌다.'는 얘기가 생각났다.

"그럼, 그들의 영혼은 박쥐가 아니라 바로 딱딱한 껍데기를 쓴 딱정벌레였구나."

사실 그 딱정벌레가 지금까지 산요괴를 다스리고 있었던 것이다.

오랜 시간이 지났지만 아무런 소식이 없었다. 누나는 기뻤다. 이제 아무것도 겁나지 않았다. 누나는 그 산요괴의 영혼을 태워버렸으니 이제 동생과 함께 마음놓고 그 집에서 계속 살기로 하였다. 그들은 그곳이 자기 집이며 주인이라 생각했다.

그 집은 금으로 된 문과 은으로 된 문 외 금계단과 은계단이 있었다. 그리고 창고도 많이 있었는데 그 안에는 평생 먹어도 남을 정도의 양식과 고기가 들어 있었다.

두 아이는 몇 달을 먹어도 창고 한쪽 편의 것도 다 먹지 못하였다.

그곳에는 계모의 무서운 입과 얼굴도 아버지의 눈물도 없었다. 그리고 매일 힘든 일을 하지 않아도 되는 정말 행복한 곳이었지만 때때로 아버지 생각이 났다.

'아버지는 한평생 고생만 하셨지? 만약 아버지가 오셔서 우리와 함께 산다면 얼마나 좋을까?'

누나는 매일 동생을 데리고 숲 속으로 가서 버섯과 나물을 캐고 또 향기로운 풀을 뜯어 소와 양에게 먹였다. 그리고 혹시 아버지가 연기를 피우고 있지 않나 하고 하루에도 몇 번씩 지붕 위로 올라가 그들이 왔던 쪽 길을 보았다.

왜냐하면 아버지와 헤어질 때 '아버지는 이 산에서 연기를 피우며 너희들을 기다리고 있을 테니 너희들은 이 연기를 보고 아버지가 기다리고 있구나 생각하여라.' 한 말이 생각났기 때문이다.

두 아이는 날마다 하늘가를 보곤 했다.

어느 날 과연 아주 먼 산 중턱에 한 가닥 연기가 피어오르는 것이 보였다. 두 아이는 너무 기뻐 껑충껑충 뛰었다. 누나가 말했다.

요괴의 궁전 93

"아버지가 연기를 피우고 계셔. 아버지도 우릴 생각하시나 봐."

동생이 말했다.

"누나야, 저것은 분명 아버지가 피우는 연기야. 어서 가! 아버지가 보고 싶어!"

두 아이는 급히 계단을 내려와 숲 속 길로 달려갔다.

그들은 단숨에 암벽을 넘고 시내를 건너 또 호수를 지나고 비스듬히 누운 고목을 지나갔다. 그리고 겹겹이 쳐져 있는 울타리 같은 덩굴을 헤치고 나이 많은 아버지가 연기를 피우고 있는 산 중턱까지 갔다.

두 아이가 보니 아버지는 한 손으로 계속 나뭇가지를 불 속에 던져 연기를 피우고 한 손으로는 눈물을 닦으며 기도를 하고 있었다.

"산신님이시여. 우리 아이들을 보호해 주세요. 그들이 숲 속에서 야수들에게 물려가지 않게 해주세요."

그렇게 기도를 한 뒤, 아버지는 머리를 안고 엉엉 울었다.

몇 달 사이에 아버지는 많이 늙어 보였고 머리도 완전 백발이 되어 있었다.

동생이 가리키며 말했다.

"누나야, 저 사람이 우리 아버지임에 틀림없어!"

누나도 눈물을 흘리며 말했다.

"그래, 아버지야. 그동안 많이 늙으셨구나!"

두 아이가 큰소리로 불렀지만 아버지는 못 들은 체 여전히 울고만 있었다. 두 아이는 산 중턱까지 올라가 조용히 그의 곁에 섰다. 아버지는 일어서서 그들을 보고 처음에는 믿지 않았다.

"아버지!"

"오, 너희들이 여태 살아 있었구나. 신이여, 정말 감사합니다."

세 사람은 서로 부둥켜안고 반가움에 울었다.

누나는 그들이 겪은 모든 일들을 아버지에게 들려준 뒤, 지금 그들이 살고 있는 금집으로 가서 은방에서 함께 살자고 했다.

"아버지, 어서 가요. 저희들이 살고 있는 집으로 가서 함께 살아요!"

아버지는 의심을 하면서 그들에게 끌려가다시피 따라 갔다.

은빛 금빛이 번쩍이는 궁전 같은 집 앞에 도착하여 아버지는 감히 들어갈 생각을 하지 않고 망설이고 있었다.

"나는 지금까지 이렇게 훌륭한 궁전을 본 적이 없다. 너희들이 어떻게 이런 집에서 살고 있단 말이냐?"

아버지는 두 아이에게 끌려 안으로 들어갔다.

뜰 안 문 앞에 서서 누나가 물었다.

"아버지, 여기 금계단과 나무계단이 있는데 어느 계단으로 올라가시겠습니까?"

아버지는 머리를 내저으며 아주 죄스러운 듯 말했다.

"내가 너희들에게 잘해주지도 못했는데 어떻게 금계단으로 올라가겠니? 나는 나무계단으로 올라가련다."

그가 나무계단으로 가는데 갑자기 나무계단이 금계단으로 변했다.

그날부터 아버지와 두 아이는 그집에서 아주 행복하게 살았다. 딸은 창고에서 가장 싱싱한 야채며 고기를 꺼내어 직접 맛있는 요리를 만들어 아버지에게 드리고 난로 옆에 앉아 헤어진 뒤의 이야기를 나누었다. 이야기는 해도해도 끝이 나지 않았으며 이야기를 하다 웃기도 울기도 했다.

그러나 아버지는 지금이 거름을 줄 때라 농사일이 걱정 되었다. 농사란 농부가 하나하나 정성껏 돌봐야 하기에 급한 일을 두고 오래 있을 수 없다고 생각했다.

"얘들아, 밭일이 걱정되어 마음이 편치 않구나. 빨리 가 봐야겠다."

두 아이는 더 이상 아버지를 머물게 하지 못했다. 갈 때 누나는 경당에 모셔놓은 막대 하나와 오색 돌을 한 자루 드렸다. 아버지는 그들과 헤어지면서 얼마 안 가 또 오겠다고 말했다.

아버지는 하루를 꼬박 걸어갔다. 날이 점점 어두워져 동굴에서 자고 이튿날 깨어보니 딸이 준 막대기는 보이지 않았다. 대신 한 필의 준마가 동굴 앞에 서 있었다. 자루도 몹시 무거워 보니 그 오색 돌은 어느새 은으로 변해 있었다.

아버지는 기뻐서 은자루를 말에 싣고 집으로 갔다. 계모는 남편으로부터 자초지종 이야기를 듣고 갑자기 욕심이 났다. 계모는 더 많은 은을 갖고 오지 않았다고 남편을 꾸짖었다. 그리고 계모도 아이들을 한 번 찾아가겠다고 마음먹었다.

이날, 계모는 남편이 한 것처럼 연기를 피웠다.

아이들이 지붕 위에서 보니 저 먼 곳에서 연기가 피어올랐다. 동생이 뛰며 말했다.

"누나야, 아버지가 오셔서 우릴 기다리고 계시나 봐! 어서 가보자!"

누나가 말했다.

"그래, 빨리 가보자. 아버지가 길을 잃었을지 몰라."

두 아이는 달려갔다. 숲을 지나 시냇물을 건너, 고목을 지나, 덩굴을 헤치고 가서 보니 그 사람은 아버지가 아니라 계모가 아닌가?

동생은 계모를 보고 겁이나 누나를 껴안고 말했다.

"누나야, 아는체하지 말고 그냥 돌아가자!"

"그건 안 돼. 아버지가 안녕하신지 물어보고 왜 아버지가 안 오셨는지 물어 봐야 해."

누나가 부르려 하는데 계모는 이미 그들을 보고 억지로 미소를 지으며 부드러운 목소리로 불렀다. 그리고 잽싸게 산을 내려와 아주 반가운 듯이 아이들의 손을 덥석 잡았다.

계모는 이런 일 저런 일 다 묻고 난 뒤 마지막에 아이들이 사는 곳으로 가보고 싶다고 말했다.

"어서 앞장서거라."

누나는 계모를 데리고 갔다. 집 앞에 도착하여 부러운 듯이 사방을 둘러보았다. 그리고 가볍게 계단을 오르며 계단의 돌이 은인지 금인지를 손으로 만져 보았다.

문 앞에 도착하여 누나는 계모에게 물었다.

"새어머니, 새어머니는 나무문으로 들어가시겠어요? 금문으로 들어가시겠어요?"

계모는 금빛으로 번쩍이는 문을 보고 눈이 부셔 침을 꿀꺽 삼키면서 중얼거리듯 말했다.

"내가 전에 너희들에게 잘해 준 것은 없지만 그래도 나는 너희들의 새어머니이니까 역시 금문으로 들어가야지."

누나는 계모를 데리고 금문으로 들어갔다. 그런데 금문은 갑자기 나무문으로 변했다. 다시 계단 앞에 도착하여 누나가 또 물었다.

"새어머니, 새어머니는 금계단으로 올라가실래요? 은계단으로 올라가실래요?"

계모는 몹시 불쾌한 듯 말했다.

"어찌됐든 내가 너희들의 새어머니이니 금계단으로 올라가게 해다오."

누나는 계모를 데리고 금계단으로 올라갔다. 그런데 계모가 금계단을 밟자 금계단은 바로 나무계단으로 변했다.

난로 옆에서 밥을 먹을 때 누나는 똑같이 맛있는 음식을 계모에게 주었는데 계모의 수저가 닿자마자 먹을 수 없는 돌덩이로 변하는 것이었다. 계모는 기분이 나빠 어쩔 줄을 몰랐다.

"이렇게 이상한 집에서 나는 못살겠어!"

계모는 그렇게 생각하고 하루 쉬고는 바로 집으로 돌아가겠다고 했다. 누나는 아버지를 보낼 때와 마찬가지로 역시 경당에 모셔져 있는 막대기 하나와 오색 돌 한 자루를 주었다. 그리고 숲까지 배웅해 주었다.

날이 어두워지자 계모 역시 동굴 안에서 밤을 보내고 아침 일찍 일어나 보니 막대기는 커다란 뱀으로 변해 금방이라도 그녀를 삼킬 듯, 혀를 날름거리고 있었다. 계모는 겁이 나서 어쩔 줄 몰랐다.

계모는 조심스럽게 자루를 갖고 뱀을 피해 도망을 쳤다. 그러나 얼마 못 가 돌멩이에 걸려 넘어졌고 자루 안에 있는 것들이 쏟아졌다.

오색 돌은 땅바닥을 굴러 잠시 후 여러 마리의 표범으로 변했다. 그리고 계모를 둘러싸고 덤벼들었다. 이어서 뱀도 따라와서 노려보고 있다가 일제히 그녀를 향해 덤벼들었다. 마음씨 나쁜 계모는 그렇게 죽고 말았다.

한편, 며칠이 지나도 아내가 돌아오지 않자 아버지는 숲속으로 찾아 나섰다. 몇 며칠을 찾아 헤매다 전에 밤을 보냈던 동굴에 가서 보니 뼈 몇 조각만 있었다. 그는 아내가 다시 돌아올 수 없다는 것을 알고 바로 불을 피워 연기를 올렸다.

"저길 봐! 연기가 피어올랐어. 분명 아버지야!"

잠시 후, 두 아이가 달려가 아버지를 모시고 왔다.

그 뒤로 아버지는 다시 집으로 돌아가지 않고 두 아이와 함께 금문과 금은 계단이 있는 훌륭한 집에서 오래오래 행복하게 살았다.

타만츠와 타얼차라이루

아주 먼 옛날, 어느 강가에 초원이 있었다. 그곳은 사방이 전부 높은 산이고 산에는 나무들이 울창했으며 계곡마다 흘러내린 물이 합쳐 아름다운 하나의 작은 강을 이루고 있었다.

강 이쪽에는 타얼차라이루(塔爾查來魯)라는 청년이 살고, 강 저쪽에는 타만츠(塔滿玆)라는 아가씨가 살고 있었다.

두 사람이 아이였을 때, 그들은 양을 몰고 강가로 가서 해가 지면 돌아가곤 했다. 그때 두 아이는 아무것도 몰라 강물을 따라 노래 부르고, 춤추며 노는 것만 즐겼다. 날마다 바위에 올라가 누워서 푸른 하늘을 보기도 하고 강 저쪽 타만츠와 옛날이야기를 하기도 했다. 그리고 타만츠는 백양나무에 기대어 타얼차라이루를 향해 노래를 불러 주었다. 타얼차라이루는 온갖 과일이 익는 가을이 오면 산에 가서 배, 호두, 밤 등을 따서 타만츠에게 던져 주었다.

　타만츠 역시 붉은색, 파란색, 흰색, 자주색 여러 가지 꽃들을 꺾어 타얼차라이루에게 던져주었다. 그래서 타얼차라이루의 이야기가 끝나지 않으면 타만츠의 노래도 끝나지 않았다.

　하루하루 세월이 가듯 그들 역시 커서 어른이 되었다. 그런데 어느 날부터 타만츠는 점점 외로움을 느끼기 시작했고 그녀의 노랫소리도 하루하루 힘이 없었다.

　타얼차라이루는 걱정스레 물었다.

　"타만츠, 어디 아파? 너의 노랫소리가 왜 하루하루 작아져 가니?"

　타만츠는 한숨을 쉬며 노래를 불렀다.

　　높고 높은 산들은 변하지 않는데
　　푸르고 푸른 물은 변하지 않는데
　　해마다 크는 양도 변하지 않는데
　　오직 나의 마음만 변하네.
　　왜 이 강에는 다리가 없는지
　　왜 우리는 함께 있지 못하는지?

　타얼차라이루도 걱정스레 노래로 대답했다.

그래, 타만츠, 너의 말이 옳아.
높고 높은 산도 변하지 않고
푸르고 푼 물도 변하지 않으며
해마다 자라는 양도 변하지 않아.
그러나 나의 마음은 분명 변했어.
나는 밤마다 우리가 만날 수 있는
다리를 놓는 꿈을 꾼단다.

타만츠는 강물을 보며 깊은 생각에 잠겼다. 그리고 타얼차라이루를 향해 말했다.
"어떻게 하면 다리를 놓을 수 있지?"
타얼차라이루는 힘없이 말했다.
"물의 신 처이라무신(車衣拉姆神)에게 빌어 봐. 혹시 다리를 놓아 줄지도 몰라."
이날, 두 사람은 별로 기분 좋지 않게 헤어졌다.
타만츠는 돌아가서 성심성의껏 물의 신에게 기도했다.
그날 밤, 아니나 다를까 꿈속에 아름다운 물의 여신 처이라무신이 나타나 말했다.
"아름다운 타만츠, 너의 정성이 다리를 놓게 했어. 너의 오색 허리띠를 풀어 강물에 던지면 오색 다리로 변할 것이다."
타만츠는 이상한 꿈이라 생각했다.

그녀는 날이 밝기도 전에 양 떼를 몰고 강가로 가서 처이라 무신이 말한 대로 허리띠를 풀어 물에 던졌다. 과연 꿈에서 들은 것처럼 허리띠는 오색 다리로 변했다. 타만츠는 몹시 기뻤다.

그녀는 오색 다리 위에 서서 눈을 크게 뜨고 타얼차라이루가 오는 방향을 보았다.

얼마 뒤, 타얼차라이루 역시 양 떼를 몰고 와서 다리를 보고는 놀랐다.

"여기에 왠 다리가 놓여 있지?"

타만츠는 즉시 일어서서 타얼차라이루를 불렀다. 그리고 두 사람은 양들을 몰고 강을 따라 아주 먼 곳까지 갔다.

아름다운 산계곡이 나왔다. 그곳에는 풀이 많이 자라 있고 아름다운 꽃들도 피어 있었으며 땅은 푸른 담요 같았다. 두 사람은 그곳에 머물러 차를 끓이고, 밥도 지어 먹고, 노래도 부르고, 춤도 추었다. 정말 인간 세상에서 그보다 아름다운 곳은 없을 것 같았다.

이날, 타얼차라이루는 타만츠에게 한평생 같이 살고 싶다고 말하고 삼 년만 기다려 달라고 했다. 그는 열심히 돈을 모아 말을 사고 활과 총을 사서 초원을 누비며 은여우를 잡고 수달 가죽과 사향과 녹용을 팔아 가난을 벗어나 어디를 가나 존경받는 젊은 사냥꾼이 되겠다고 했다.

"꼭 소원대로 될 거야."

타만츠는 용기를 주었다. 그리고 밤낮 양털을 짜서 타얼차라이루를 돕겠다고 했다. 그날은 꿈처럼 지나갔고 두 사람은 그동안 강이 사이에 있어 하지 못했던 이야기도 많이 했다.

날이 어두워지자 두 사람은 헤어지기 아쉬워 서로 바라보고 있다가 왔던 곳으로 되돌아갔다. 타만츠는 허리띠로 다리를 만들어 타얼차라이루와 양 떼를 보내고 손을 흔들며 헤어졌다.

"잘 가. 타얼차라이루, 내일 또 만나!"

"그래, 내일 또 만나자!"

그날부터 두 사람은 매일 그렇게 만났다.

날마다 아침 일찍 타만츠는 허리띠를 꺼내어 타얼차라이루와 양 떼가 건너오게 다리를 놓고, 날이 저물면 또 허리띠로 다리를 놓아 타얼차라이루와 양 떼가 지나가게 했다. 두 사람은 행복한 한 해를 그렇게 보냈다.

그런데 두 사람이 만나는 것을 타만츠의 고모가 알았다.

타만츠는 부모가 일찍 돌아가셔 어릴 때부터 고모 집에서 살았다.

고모는 강 이쪽 지역의 부두목으로 애꾸눈에 성질이 괴팍하고 흉악한 여인이었다. 그녀는 부두목이란 권력을 이용하여 백성들을 자주 괴롭히고 또 노예를 시켜 돈을 벌어오게 하였다. 그녀 얘기만 하면 사람들은 모두 머리를 내저었다.

고모는 타만츠가 하루하루 자랄수록 예뻐지는 것을 보고 생각했다.

"저 계집애 생긴 게 예쁘장하니 관리에게 시집을 보내야지. 그럼, 나의 세력도 더욱 강해지겠지."

그런데 최근 몇 개월째 타만츠가 아침 일찍 나갈 때는 웃으며 나갔다가 돌아올 때는 무슨 고민이라도 있는 것처럼 말이 없었다. 고모는 이상하게 생각하고 사람을 시켜 알아보니, 타만츠와 타얼차라이루가 어떤 젊은이와 사랑을 나누는 것 같다고 하여 몹시 화가 났다.

'저 계집애가 벌써 연애를 한다고? 정말 기가 막혀.'

어느 날, 그녀는 타만츠가 돌아오기를 기다렸다가 말했다.

"타만츠야, 너는 뼈대 있는 집안의 처녀라는 것을 알고 있니? 그런 네가 어떻게 가난뱅이와 어울리느냐? 그것은 정말 창피한 일이야. 우리 집안을 보면 너는 마땅히 관리에게 시집을 가야하고 그래야 너도 장래 세도가의 아내가 될 수 있어. 우리 집안의 명예를 생각해. 어떻게 가난뱅이 집에 시집가서 평생을 고생하며 살려고 하느냐?"

"저의 생각은 고모님과는 달라요."

타만츠는 고모의 말도 듣지 않고 몇 마디 대꾸를 하자 고모가 무섭게 말했다.

"타만츠, 네가 다시 그 가난뱅이와 내왕을 하면 너를 죽여 버릴 테다. 꼭 기억해 두어라!"

이튿날 아침 일찍, 타만츠는 또 청년과 함께 그 초원으로 갔다. 그러나 그녀는 타얼차라이루가 고민할까 봐 한 마디 말도 하지 않았다. 그녀는 맘속으로 행복한 날이 하루라도 더 오래 계속되길 기도했다.

그날 밤, 애꾸눈 고모는 화가 나서 한숨도 자지 못했다. 이튿날 아침, 타만츠가 양을 몰고 나갈 때 고모도 일어나서 몰래 뒤따라가 동정을 살폈다.

그녀는 타만츠가 허리띠로 다리를 놓는 것을 보았다. 그리고 또 타만츠와 타얼차라이루가 정답게 산계곡 쪽으로 가서 차를 끓이고 밥을 먹고 춤도 추고 노래도 부르고 어린애처럼 기뻐하는 것을 보고 화가 나서 어쩔 줄 몰랐다.

고모는 두 사람이 어떻게 하는가 보려고 계속 풀숲에 숨어서 보고 있었는데 해질 무렵 두 사람은 헤어져 각자의 집으로 가는 것이었다.

타만츠는 갑자기 색 바랜 꽃처럼 힘없어 보이고 아픈 사람 같았다. 고모는 그러한 모습의 타만츠를 보고 화가 나서 어쩔 줄을 몰랐다. 그녀는 마음속으로 생각했다.

'저 계집아이의 마음을 돌릴 수도 없고 그들을 헤어지게 할 수도 없겠구나. 보살님 역시 그들을 도와 오색 다리를 놓아주었으니 말이야. 그러나 그거야 그렇게 되었다 하더라도 뼈대 있는 집이 어떻게 가풍을 어길 수 있으며, 권세 있는 집 딸이 어떻게 가난뱅이에게 시집 갈 수 있겠어? 내가 있는 한 너희들은 오늘부터 헛된 생각을 못할 것이다.'

그날 밤, 집으로 돌아가서 그녀는 타만츠를 불러 놓고 말했다.
"네가 꼭 그 가난뱅이에게 시집가겠다면 우리 집에서 나가거라!"

타만츠는 당당하게 타얼차라이루를 사랑하며 죽으나 사나 함께 하겠다고 말했다.

애꾸눈은 더욱 화가 나서 몽둥이로 타만츠를 마구 때렸다. 타만츠는 온몸이 상처투성이가 되었다. 그것도 모자라 애꾸눈 고모는 타만츠를 광에 가두어 놓고 밖으로 나가지 못하게 했다.

타만츠는 광에 갇혀 밤새도록 울었다. 그리고 또 낮에는 타얼차라이루가 사는 쪽을 향해 계속 중얼거렸다.

"타얼차라이루, 타얼차라이루! 우리에게 재난이 닥쳐왔어. 애꾸눈 여자를 조심해야 해. 그 외눈박이 여자를 조심해야해."

그날부터 양은 그 애꾸눈 고모가 몰고 나갔다. 그녀는 활과 화살을 갖고 타얼차라이루가 오면 쏘아 죽이려 기회를 노리고 있었다.

한편, 그날 타얼차라이루가 양을 몰고 나오는데 귀에서 계속 이상한 소리가 들렸다.

"애꾸눈 여자를 조심해. 애꾸눈 여자는 나쁜 여자야!"

그가 강가에 가보니 타만츠는 보이지 않고 험상궂게 생긴 애꾸눈 여자가 양을 먹이고 있었다.

그는 마음속으로 생각했다.

"타만츠가 왜 오지 않았지? 그녀의 양을 왜 저 애꾸눈 여자가 먹이고 있지? 이건 무슨 이유가 있을 것이다. 저 여자를 조심해야지!"

타얼차라이루는 강가로 가지 않고 양을 몰고 산계곡 쪽으로 갔다. 애꾸눈은 계속 사흘이나 기다려도 손을 쓸 기회가 오지 않았다.

애꾸눈은 그래도 매일 양을 몰고 강가로 갔지만 타얼차라이루는 언제나 아주 먼 곳에서 풀을 뜯기고 그것도 양을 빨리 몰아 산계곡 쪽으로 가버려 잘 보이지 않았다.

"내가 쉽게 포기할 줄 아느냐? 두고 봐!"

십여 일이 지난 뒤, 애꾸눈은 기회를 봐서 타얼차라이루를 쏘아 죽일 궁리로 선심을 쓰듯 타만츠를 광에서 꺼내주며 양을 몰고 나가라고 했다.

두 사람은 며칠 만에 만나 즐거운 시간을 보냈다. 타만츠는 즐거운 일만 생각했지 자신이 당하고 있는 일을 조금도 말하지 않았다. 타만츠는 나오는 눈물을 꾹 참고 아무 일 없었던 것처럼 차를 끓이고 밥을 짓고 억지로 웃으면서 노래를 부르고 춤을 추었다. 그렇게 사흘이 지났다.

타만츠가 풀려나온 사흘째 되는 날 아침, 타만츠의 고모 애꾸눈은 몰래 활을 숨기고 타만츠 뒤를 따라 갔다. 그녀는 강가 풀이 우거진 곳에 숨어 기회를 보고 있었다.

마침 타만츠는 허리띠를 풀어 다리를 놓은 뒤 타얼차라이루가 건너오기를 기다리고 있었다. 타얼차라이루가 다리 중간쯤 왔을 때 애꾸눈은 활을 힘껏 당겨 타얼차라이루의 가슴을 향해 쏘았다.

화살은 타얼차라이루의 가슴 한복판에 박혔고 타얼차라이루는 바로 그 자리에 쓰러졌다. 그의 가슴에서 뿜어나오는 피가 강물을 빨갛게 물들였다.

"타얼차라이루, 타얼차라이루! 왜 그래?"

타만츠는 너무 놀라 양을 그대로 두고 다리 쪽으로 달려갔다. 애꾸눈은 타얼차라이루가 쓰러지는 것을 보고 기뻐하며 중얼거렸다.

"저 계집아이는 이미 우리 집 사람이 아니야!"

애꾸눈은 활을 들어 타만츠를 향해 계속 화살 일곱 개를 쏘았다. 그러나 일곱 개 모두 빗나가고 말았다. 그녀는 다시 쏘려 화살을 더듬어 봤지만 화살이 없었다. 화가 난 그녀는 강을 건너가 타만츠를 잡으려 했지만 그녀가 가까이 오자 다리는 갑자기 사라지고 보이지 않았다.

애꾸눈이 다시 물을 건너가려고 하는데 갑자기 물이 불어나 그녀를 쓸어갈 것같이 급하게 흘렀다. 애꾸눈은 할 수 없이 강둑으로 올라와서 타만츠의 뒷모습을 노려보았다.

타만츠는 타얼차라이루 가슴에 박힌 화살을 뽑고 옷을 찢어 상처를 묶었다. 그리고 그를 안고 눈물을 흘렸다.

"타얼차라이루, 괜찮아?"

타얼차라이루는 신음을 하며 작은 소리로 말했다.

"타만츠, 나는 더 이상 못 살 것 같아. 나, 나는 숲 속의 사냥꾼이 될 수 없을 것 같아. 그리고 말과 활이며 총도 살 수 없을 것 같아."

타만츠는 눈물을 흘리며 위로했다.

"타얼차라이루, 당신은 할 수 있어요. 할 수 있어……."

그녀는 말을 끝내지 못하고 타얼차라이루 가슴에 엎드려 목을 놓고 울었다. 타만츠는 그를 빨리 치료하지 않으면 안 된다는 것을 알고 즉시 일어나 눈물을 닦고 말 한 필을 끌고 왔다. 그리고 타얼차라이루를 부축하여 말에 태우고 또 양을 몰아 그의 집으로 갔다.

타얼차라이루의 아버지와 어머니는 아들이 크게 다친 것을 보고 몹시 슬퍼했다. 그러나 아리따운 아가씨가 아들을 간호하고 있는 것을 보고 마음속으로 기뻐하면서 위안을 느꼈다. 그들은 모두 타얼차라이루의 상처가 빨리 낫기를 바랐지만 피를 너무 많이 흘려 생각보다 심각했다.

타얼차라이루는 첫날은 그래도 정신이 있었지만 이튿날부터 점점 힘이 빠져 사흘째 되는 날 더 이상 지탱하지 못하고 숨을 거두었다.

"타얼차라이루, 너 혼자 가면 어떡해?"

타만츠는 타얼차라이루의 가슴에 엎드려 슬피 울었다. 그의 어머니 아버지도 울고 종일 집에는 울음소리가 그치지 않았다.

타얼차라이루의 집은 아주 가난했다. 그가 먹이던 양도 실은 주인이 따로 있었다. 그래서 그가 죽어도 스님을 불러 경을 읽고 장례를 치를 돈도 없었다.

타만츠는 바로 말을 타고 나이가 많은 외삼촌을 찾아가 도와달라고 부탁을 했다. 타만츠의 외삼촌은 어머니가 준비해 놓은 혼수품들을 대신 갖고 있었는데 성품이 따뜻하고 인자한 사람이라 타만츠의 말을 듣고 위로를 해주었다.

타만츠는 혼수품을 팔아 스님을 모셔다 경을 읽게 하고 사랑하는 사람을 양지바른 곳에 묻어 주기로 했다.

사흘 동안 경을 읽은 뒤, 마침 시체를 화장하려는데 여기저기 돌아다니며 경을 읽어주는 아홉 명의 라마승이 찾아 왔다. 그들은 타만츠의 미모에 반해 자원하여 경을 읽어주겠다고 했다.

그들은 각자 타만츠를 아내로 데리고 갈 꿍꿍이로 정성을 다해 경을 읽었다.

타만츠는 그들의 마음을 이미 알고 말했다.

"나를 아내로 데리고 가는 것은 어렵지 않습니다. 그러나 먼저 죽은 이의 영혼을 위해 특별히 정성을 다해 경을 읽어야 하고, 화장을 할 때 여러분 한 사람이 기름 한 통씩을 지고 시신 있는 곳으로 와야 합니다. 그리고 다섯 통은 끓이고 네 통을 끓이지 않고 두었다가 불이 피어오를 때 끓인 기름을 먼저 불 위에 끼얹은 뒤에 끓이지 않은 기름을 뿌리세요. 누가 정성껏 하는지 보고 그 스님에게 시집을 가겠습니다."

아홉 명의 라마승들은 종일 경을 읽으면서 타만츠 생각을 했다. 그래서 다른 어느 때보다 경 읽는 소리가 크고 열심히 읽었다.

라마승들은 타만츠가 시킨 대로 아홉 통의 기름을 갖고 와서 다섯 통은 펄펄 끓이고 네 통은 그대로 두었다.

경을 다 읽은 뒤 화장할 준비를 했다.

라마승들은 타만츠의 분부대로 먼저 끓인 기름 다섯 통을 장작 위에 붓고 불을 피웠다. 불이 한참 타오를 때 끓이지 않은 기름 네 통을 그 위에 뿌렸다. 그 불은 부잣집이 화장할 때보다 더 세게 활활 타올랐다.

불꽃이 이글이글 타오르자 구경하던 사람들은 열기를 견딜 수 없어 가까이 있지 못하고 모두 뒤로 물러섰다.

바로 그때 타만츠는 갑자기 몸을 날려 불 속으로 뛰어들었다. 그녀는 무섭게 타오르는 불길 속에서 사랑하는 사람을 꼭 껴안았다. 보고 있던 사람들과 아홉 명의 라마승들은 정말 놀랐다. 바로 뒤따라 불 속으로 들어가 그녀를 구하려 했지만 이미 늦어 어떻게 할 수가 없었다.

아홉 명의 라마승들은 바로 앞에서 그녀를 놓친 것이 정말 가슴 아팠다. 모두 용감하게 불길 속으로 뛰어들었지만 전부 소용없었다. 눈 깜짝할 사이에 타만츠와 타얼차라이루는 보이지 않았다. 타만츠를 구하려던 아홉 명의 라마승들은 코가 타지 않았으면 귀가 타고 옷도 타서 모두 이상한 꼴이 되었다.

한편 타만츠의 고모 애꾸눈은 두 사람이 함께 타죽었다는 말을 듣고 치를 떨었다.

"이건 분명 나에게 반항하는 거야! 두고 봐! 네가 아무리 반항을 해도 나는 너를 꼭 굴복시키고 말 거야. 그리고 너희 둘을 내가 죽어도 같이 있게 놔두지 않겠다."

애꾸눈은 사람을 시켜 배 한 척을 만들어 타고 강을 건너 타얼차라이루 집 쪽으로 갔다.

애꾸눈이 갈 때까지 불은 아직 타고 있었다. 그녀는 다가가서 두 사람의 뼈를 찾았다. 애꾸눈은 남자의 뼈는 무겁고 여자의 뼈는 가볍다는 말을 들은 적이 있어 그 방법으로 뼈를 나누어 담았다. 그리고 지나가는 사람들이 밟고 지나가라고 타얼차라이루의 뼈는 산허리에 사람들이 보지 않을 때 깊이 묻었다.

그리고 타만츠의 뼈는 두 사람의 사이를 가능한 멀리하기 위하여 산꼭대기에 묻었다. 또 타고 남은 뼷가루도 둘로 나누어 산중턱과 산비탈에 뿌리고 침을 몇 번 뱉은 뒤, 욕설을 퍼부었다.

"내가 어떻게 해서라도 너희 둘을 영원히 만나지 못하게 갈라놓겠다."

그녀는 그렇게 하고 돌아가면서도 화가 안 풀려 돌부리를 걷어찼다. 그런데 잘못하여 넘어지는 바람에 그만 발을 부러뜨리고 말았다. 그녀는 하는 수 없이 하인을 시켜 들것에 누워 집으로 돌아갔다.

그 뒤로 애꾸눈은 제 발로 일어서 걷지 못했지만 매일 창가에 앉아서 무슨 변화가 있나 없나 외눈으로 산허리와 산꼭대기 무덤을 지켜보았다.

그러나 그녀가 뼈를 잘못 묻었으리라 어떻게 알았겠나? 산허리에 묻은 것은 타만츠의 뼈였고 산꼭대기에 묻은 것은 타얼차라이루의 뼈였다.

얼마 뒤, 타만츠의 무덤에서 한 그루의 늘 푸른 사약수(斯約樹)가, 그리고 타얼차라이루의 무덤에서는 한 그루의 심뉴수(審紐樹)가 자라나, 두 그루의 나무는 언제나 푸르고 아름다웠다.

그리고 사약수에서는 암컷 새가 그리고 심뉴수에서는 수컷 파란색 찰격조(札格鳥)가 태어났다. 두 마리의 새는 서로 바라보며 쉬지 않고 노래를 불렀다.

하루는 한 노인이 사약수 아래를 지나가는데 수컷 찰격조가 노래했다.

마음씨 착한 할아버지
복이 많은 할아버지
할아버지 수염은 은실과 같고
할아버지 마음은 봄바람처럼 따사롭습니다.
마음씨 착한 사람은 착한 일을 한다는데
할아버지 손으로 사약수를 심뉴수 곁으로
옮겨 심어 줄 수 있는지요?

노인은 머리를 저으며 말했다.

"너는 내 마음이 착하다고 했는데, 그렇지 못하다. 너는 내가 복이 많다고 했는데 복이 많을 게 어디 있느냐? 인간 세상 모든 것들이 나의 마음을 돌처럼 딱딱하게 만들어 버렸어. 그건 다시 움직일 수 없어. 나는 말을 찾으러 나왔어. 말은 바로 나의 재산이거든. 나는 시간이 없어. 너를 옮겨 줄 수 없구나!"

노인은 그렇게 말하고 길을 따라 말을 찾으러 갔다.

암컷 찰격조가 무정한 노인을 보고 뒤에서 말했다.

"무정한 노인이여, 당신이 가서 말은 찾겠지만 마음이 차가워 앞으로 한 번 구르고 뒤로 한 번 구르겠군요!"

노인은 얼마 안 가 말을 찾았다. 그런데 갑자기 숲 속에서 표범 한 마리가 나타나 그의 말을 물어 죽여 버리는 것이 아니겠나? 노인은 막대기에 죽은 말을 묶어 끌고 가다가 잘못하여 그만 넘어져 발을 부러뜨리고 말았다. 그는 한 발로 걸어갈 수 없었다. 암컷 찰격조가 말한 것처럼 이리 구르고 저리 구르며 간신히 집으로 돌아갔다.

한 달 뒤, 한 젊은 부인과 아가씨가 걸어가는데 암컷 찰격조가 노래했다.

아리따운 아가씨 그리고 젊은 아주머니
두 분은 친자매처럼 다정하게 걸어가는군요.
무엇을 떨어뜨려 이리저리 찾고 계세요?

젊은 아가씨와 부인이 대답했다.

푸르디 푸른 사약수야 푸르디 푸른 심뉴수야
나무 위에 한 쌍의 찰격조야
우리는 떨어뜨린 것이 없어.
우리는 두 마리의 귀여운 암젖소를 찾고 있어

암컷 찰격조가 말했다.

아리따운 아가씨여 아가씨는 공작처럼 예쁘군요
복 많은 아주머니여 아주머니의 복은 반석처럼 단단하여
나 이 찰격조도 질투가 나는군요.
두 마리 암젖소는 한 마리 송아지를 낳아
세 마리가 되었군요.
마음씨 착한 아주머니와 아가씨여
이 사약수를 저 산꼭대기 심뉴수 곁에
심어줄 수 있나요?
두 그루의 늘 푸른 나무가 함께 있게
명이 짧은 두 마리 찰격조도
함께 있게 해 주세요

젊은 부인과 아가씨가 대답했다.

금계와 공작은 떨어져 살 수 없고
원앙수도 떨어져 살 수 없어.
사약수와 심뉴수도 응당 함께 있어야지.
그런데 살아 있는 나무를 어떻게 옮기지?
걱정하지 마라

우리가 삽을 갖고 와서 옮겨주마
그렇게 하면 두 마리 찰격조도
함께 있을 수 있겠지?

그들은 삽을 갖고 와서 길가에 있는 사약수를 산꼭대기의 심뉴수 옆에, 두 나무의 가지와 잎이 서로 맞닿게 심어주었다.
나무를 다 심자 한 쌍의 찰격조가 기뻐서 말했다.

인정 많은 아가씨 마음씨 좋은 아주머니
두 분이 착한 일을 했기에 마음은 더욱 기쁠 것입니다.
두 분이 길을 가다 넘어지면 좌우로 살펴보세요
등에 지고 끌고 안을 것을 얻을 것입니다.
그건 두 분의 마음이 착하여 얻는 것입니다

젊은 부인과 아가씨는 나무를 다 심고 나니 과연 마음이 즐거워졌다.
날이 벌써 어두워져 그들은 암젖소를 찾으러 갔다.
그들은 얼마 안 가 어미 젖소를 찾았다. 과연 송아지 한 마리가 같이 있었다. 젊은 부인은 너무 기뻐 어린 송아지를 등에 업고 어미 소를 몰고 집으로 돌아갔다.
그런데 잘 가다가 그만 넘어졌다. 좌우를 살펴보니 표범이 물어 죽인 사슴 한 마리가 있고 사슴의 머리에는 값나가는 한 쌍의 녹용이 있었다.

젊은 부인은 녹용을 자르고 또 죽은 사슴을 끌고 집으로 돌아갔다.

아가씨도 그때 무단히 넘어졌는데 좌우로 살펴보니 가까운 풀숲에 한 꾸러미 아름다운 산호와 옥으로 만든 목걸이가 있어 이건 분명 조금 전 찰격조가 말한 선물일 것이라 생각했다.

그녀가 그것을 목에 걸고 집으로 가서 보니 어머니가 마침 동생을 낳은 것이 아닌가? 그녀는 기뻐하며 노란 털보자기에 싸인 동생을 품에 안았다.

그때 두 사람은 찰격조의 말이 떠올랐다. 두 사람은 과연 등에 지고 끌고 안을 것을 얻은 것이었다.

두 그루의 나무가 같이 있게 되자 한 쌍의 찰격조는 아주 기쁘게 노래를 불렀다. 그들은 언제나 날이 밝기 전에 시작하여 황혼이 지고 밤이 깊어갈 때까지 쉬지 않고 노래를 불렀고, 그 아름다운 노랫소리는 사람들의 마음을 움직여 많은 젊은이들은 따라서 노래를 부르곤 했다.

그런 모습을 애꾸눈 고모가 보았다.

그녀는 몹시 언짢았다.

"뼈에서 나무가 돋아나고, 나무를 옮겼더니 나무에서 말하는 한 쌍의 찰격조가 태어났다고? 이건 분명 귀신의 짓이니 노래를 따라 부르지 못하게 하고, 어른들의 말을 젊은이들이 듣지 못하게 해야지."

그래서 그녀는 심부름꾼을 시켜 두 마리의 찰격조를 죽이고 또 나무를 베어 태워버리라고 했다.

심부름꾼은 고모의 명을 받고 산으로 가서 찰격조를 활로 쏘아 죽이고 나무는 베어 태워버렸다.

그런데 이튿날, 해가 뜨자 두 그루의 나무는 다시 돋아났고 찰격조도 다시 나무에서 노래를 부르는 것이 아닌가?

애꾸눈은 다시 사람을 시켜 새를 죽이고 또 나무를 베어 버렸다. 그렇게 하길 세 번이나 했지만 나무는 역시 다시 자라났고 찰격조도 나무 위에서 계속 노래를 불렀다.

그녀는 하는 수 없이 사람을 시켜 창문을 닫아 못을 치고 다시는 산을 보지 않았다.

그 뒤로, 그 한 쌍의 찰격조는 나무 위에서 쉬지 않고 즐겁고 행복하게 노래를 불렀으며, 사람들이 그 소리를 들으면 괴로움도 한숨도 마음속의 어둠도 사라졌다.

등빠 아저씨

제1회

어느 날, 등빠(登巴) 아저씨는 길에서 송이석(松耳石)* 하나 주웠다.

마침 그곳의 우두머리가 그 사실을 알고 등빠를 불러 물었다.

"남의 땅에서 주운 물건은 주인에게 돌려주어야 하는 게 도리가 아닌가? 이건 나의 것이야."

등빠 아저씨가 말했다.

"이건 내가 주운 것이니 당연히 내 것이지요."

두 사람의 말싸움은 끝이 나지 않았다. 등빠 아저씨가 말했다.

---
* 송이석 : 파란 빛이 나는 일종의 보석.

"그럼, 우리 산신령님께 가서 이 송이석이 누구의 것인지 판결을 내려달라고 하는 게 어때요?"

우두머리도 동의를 하여 두 사람은 산 밑으로 갔다.

등빠 아저씨가 큰 산을 향해 소리쳤다.

"송이석이 두목님의 것입니까, 등빠의 것입니까?"

그는 '송이석이 두목님의 것입니까?'라고 할 때는 소리를 낮추어서 하고, 뒤에 '등빠의 것'이라고 할 때는 큰소리로 외쳤다.

그래서 앞산도 같은 메아리를 보냈다.

등빠가 말했다.

"나으리, 제가 나으리를 속이지 않았죠? 잘 들어 보세요! 산신령께서도 분명 '등빠의 것'이라고 하지 않았습니까? 산신령은 가장 공정합니다."

우두머리는 그 말을 듣고 할 말이 없어 등빠 아저씨를 돌려보냈다.

제2회

어느 날 오후, 한 무리의 아이들이 등빠를 둘러싸고 말했다.

"등빠 아저씨, 아저씨는 제일 총명한 사람입니다. 만약 아저씨가 교활한 토사(土司)더러 개 짖는 소리를 세 번 내게 한다면 우리가 술을 한 턱 살게요."

"그래?"

등빠 아저씨는 고개를 끄덕이고 빙그레 웃으며 갔다.

이튿날, 등빠 아저씨는 토사를 만나 말했다.

"어제 소인이 아주 귀한 품종의 사냥개 한 마리를 구했는데 토사님이 혹시 필요하지 않을까 하고 왔습니다. 살 생각이 없으신지요?"

토사는 등빠에게 속을까 조심을 하면서 물었다.

"어떤 사냥개인데?"

"우! 우! 우!"

등빠는 개소리를 내며 말했다.

"바로 이렇게 짖는 개이죠?"

"무슨 사냥개가 그렇게 짖어? 사냥개라면 왕왕왕! 하고 짖어야지!"

토사는 개 짖는 소리를 세 번 내었다.

등빠가 이어 말했다.

"사기 싫으면 그만두세요!"

하고, 등빠 아저씨는 가버렸다.

제3화

한 부자가 있었는데 그는 평소 아름다운 것에 신경을 많이 썼다. 그래서 시장에 가서 아름다운 옷이나 정교하고 예쁜 장

식품을 보면 값이야 어떻게 되었든 자기 손에 넣어야 직성이 풀렸다. 그런데 매우 유감스런 것은 그의 머리에 머리카락이 한 올도 없다는 것이다. 그래서 그는 아주 괴로워했고 온갖 비방이란 비방은 다 해보았다. 또 수많은 명의를 찾아가 약도 천 가지 이상 써보았지만 역시 머리카락은 한 오라기도 나지 않았다.

부자의 그러한 고민을 등빼 아저씨가 들었다.
"마침 배도 고프고 술 생각도 나는데 한 번 찾아가 볼까?"
그는 부잣집 담 너머로 고개를 내밀고 외쳤다.
"머리칼을 심어드립니다! 머리칼을 심어드립니다!"
부자는 어떤 사람이 머리카락을 심어 준다는 말을 듣고 귀가 반짝 띄었다.
'이 대머리에 머리카락을 심으면 멋쟁이가 되겠지? 그러면 많은 여자들이 따를 거고…….'
그는 생각만 해도 좋아서 즉시 등빼 아저씨를 안으로 들어오라고 했다.
"여보시오. 머리카락 심어주는 양반, 좀 들어와 보시오!"
그는 양고기와 맛있는 술을 한 상 가득 차려왔다.
"천천히 드시고 잘 좀 심어주세요."
"걱정 마세요. 멋지게 심어 드릴 테니."
등빼가 배불리 먹은 뒤, 이를 후비는 것을 본 부자는

"자, 준비가 다 됐습니다."

하고 대머리를 둥빠 앞으로 쑥 내밀었다.

그러자 둥빠는 오른손에는 송곳, 왼손에는 머리카락 한 올을 들고 가까이 왔다.

부자가 그걸 보고 놀라며 물었다.

"송곳으로 하면 아프지 않은가요?"

"물론 아프죠. 많이 아파요."

"안 아프게 하는 방법은 없어요."

"없어요!"

"그럼 어떻게 하죠?"

"내가 다른 사람의 머리카락을 심어줄 때 그들은 아플까 겁이 나서 나에게 상품의 치즈를 많이 주며 제발 심지 말아 달라고 했지요."

부자가 사정하듯 말했다.

"그럼, 나도 당신에게 치즈를 많이 갖다 줄 테니 머리카락을 심지 말아 주세요. 평생 대머리로 그냥 살게요."

제4회

하루는 둥빠 아저씨가 둑길을 가면서 보니 많은 사람들이 밭에서 커다란 돌 하나를 놓고 씨름을 하고 있었다. 곁에는 살이 뒤룩뒤룩 찐 부자가 씩씩거리며 죽자 살자 돌을 옮기려고

애를 쓰는 사람들을 다그치고 있었다. 그러나 그 큰 돌은 꼼짝도 하지 않았다. 등빠 아저씨는 돌을 옮기는 인부 곁으로 가서 물었다.

"왜 돌을 옮기려 하시오?"

부자가 한 발 다가서며 말했다.

"커다란 돌이 많은 땅을 차지하고 있어 여간 귀찮지 않아요. 이 돌을 치우면 보리가 한 말은 족히 나올 거요."

등빠 아저씨는 그 말을 듣고 고개를 끄덕이며 말했다.

"일리 있는 말씀이군요. 그런데 돌 하나를 옮기는데 저렇게 많은 사람이 필요한가요? 나 혼자서도 옮길 수 있는 것을 여러 명의 인부를 불러 많은 돈을 쓰다니……."

부자는 그 말을 듣고 생각했다.

'그래, 한 사람을 쓰면 한 사람에게만 돈을 주면 되지!'

부자는 빙그레 웃으며 말했다.

"그럼 수고스럽겠지만 저 돌을 혼자서 좀 옮겨 주시겠소?"

등빠가 말했다.

"그렇게 하죠. 그런데 나는 아직 밥을 먹지 않아, 먼저 집에 가서 밥을 먹고 와서 옮겨 드리겠습니다."

부자는 등빠가 밥을 먹고 돌아오지 않을까 두려워 즉시 그를 붙잡으며 말했다.

"저의 집에 가서 간단한 식사라도 하고 옮겨주시면 어떨까요?"

"그것도 괜찮겠군요. 그렇잖아도 저의 집은 멀어서 밥을 먹고 오려면 해가 넘어갈지도 모르죠."

"잘됐습니다. 바로 가까운 저의 집으로 가시죠."

부자는 그렇게 말하며 등빠를 끌다시피 자기 집으로 데리고 갔다.

부자는 집에 도착하자마자 양고기와 맛있는 술을 갖고 오라고 시켰다. 등빠는 배가 터질 정도로 먹고 마신 뒤 말했다.

"이제 슬슬 일을 시작해 볼까요."

등빠와 부자는 다시 밭으로 갔다. 그리고 새끼줄로 먼저 그 큰 돌을 묶은 뒤 허리를 구부리고 부자에게 말했다.

"영감님, 그 돌을 나의 등에 올려주시오!"

그런데 부자가 그 돌을 어떻게 들어 올릴 수 있겠나?

"내가 당신의 등에 올려주어야 한다고요?"

"그럼요. 무얼 하세요? 빨리 그 돌을 들어 나의 등에 올려주시지 않고. 어서요!"

등빠 아저씨는 몇 번이나 큰소리로 말했다.

부자는 돌을 잡고 이리저리 움직여 보았으나 여전히 꼼짝도 하지 않았다.

"내 힘으로는 안 되겠소."

등빠 아저씨는 화를 내어 말했다.

"등에 올려만 주면 질 수 있는데 그것도 못하시니 정말 답답

하군요!"

등빠 아저씨는 괜히 화를 내며 슬그머니 사라졌다.

제5화

등빠 아저씨가 관리들과 돈 많은 부자들을 잘 골려준다는 이야기가 전 티베트에 알려졌다.

왕이 그 말을 듣고 몹시 기분 나쁜 듯 말했다.

"만약 그가 짐을 속일 수 있다면 그를 대단한 사람으로 인정하겠다."

왕은 사람을 시켜 등빠 아저씨를 데리고 와서 물었다.

"듣자하니 그대는 사람들을 잘 속인다고 하는데 그게 사실이냐?"

"하늘 같은 대왕님이시여, 제가 어디 감히 착한 사람들을 속이겠습니까? 저는 사기꾼이 아닙니다."

등빠는 고개를 숙인 채 두 손으로 한 개의 작은 종이 봉지를 갖고 머뭇거리며 대답했다.

왕은 그가 갖고 있는 작은 종이 봉지를 보고 물었다.

"그건 뭐냐?"

"글쎄요."

등빠는 대수롭지 않은 듯 대답했다.

왕이 봉지를 빼앗아 열어보니 노란색의 가루가 들어 있었다.

"이게 뭐냐?"

"글쎄요."

등빠는 아주 무서워하는 모습을 하며 대답했다.

왕은 호기심에 손가락으로 그 가루를 찍어 입에 넣어 맛을 보았다.

냄새가 지독하고 토할 것 같았다.

왕이 큰소리로 물었다.

"도대체 이게 뭐냐니까?"

등빠가 말했다.

"그것은 어떤 사람이 저에게 주면서 '글쎄요.'라고 했습니다. 실은 저도 그것이 뭔지 모릅니다."

"글쎄요 라고?"

왕은 자기가 속은 것을 알았지만 말하기가 민망스러웠다. 그래서 등빠를 내보내고 사람들에게 등빠는 사람을 속이는 나쁜 사람이 아니라고 말했다.

원래 등빠 아저씨가 종이봉투 안에 넣어 간 것은 똥가루인데 평소 백성들을 귀찮게 구는 왕을 골탕먹이려 한 것이었다.

제6회

어느 날, 등빠 아저씨는 여러 명의 아이들과 물고기를 잡으러 강으로 갔다. 그들은 물고기를 잡아 불에 구워 먹기로 했다. 물고기가 많이 잡혔다.
 그때 등빠는 그 물고기를 혼자 다 먹고 싶었지만 아이들에게 그 말을 할 수 없었다. 그래서 한 가지 궁리를 했다.
 "애들아, 이렇게 하면 재미있겠지?"
 "어떻게요?"
 "우리가 물고기를 먹기 전에 노래를 한 곡씩 부르는 거야. 노래를 못하면 물고기를 못 먹는 거지!"
 등빠는 자기가 노래를 잘 부르니 분명 혼자 먹을 수 있을 것이라 생각했다. 그래서 먼저 노래를 부르기 시작했다.

 물고기가 노릿노릿하게
 잘 익어 향기롭구나.
 어디 한 번 맛이나 볼까!

 그는 노래를 부른 뒤 물고기 한 마리를 집어 입안으로 쏙 넣었다. 이어 첫 번째 아이가 조금 전 등빠가 부른 노래를 그대로 따라 불렀다.

 물고기가 노릿노릿하게
 잘 익어 향기롭구나.
 어디 한 번 맛이나 볼까!

노래를 다 부른 뒤 그 아이도 물고기 한 마리를 집어 꿀꺽 삼켰다.

 이어 두 번째 세 번째도…… 모두 그대로 따라 했다.

 "아니, 물고기가 한 마리도 안 남았잖아?"

 등빠 아저씨는 아이들이 물고기를 깡그리 먹어버린 것을 보았다. 그는 혼자 다 먹으려다 놓쳐버린 것을 알고 혀를 내둘렀다. 왜냐하면, 등빠가 부른 노래를 다른 사람이 따라 부를 수 없다는 법칙을 사전에 얘기하지 않았기 때문이다.

누이와 동생

　이 이야기는 예얼만츠얼깡(葉兒曼則爾崗) 마을에서 전해 내려온 것이다. 대토관(大土官) 두오라앙워(朶拉昻窩)는 허쟝마(哈江瑪)와 결혼한 지 십여 년이 지났지만 아이가 한 명도 없었다.
　이 일로 두 사람은 자주 다투었으며 서로 화목하지 않았다. 두오라앙워는 두 사람이 죽으면 대토관 자리를 계승할 사람이 없어, 재산 역시 다른 사람 손으로 넘어갈 것이라 생각하고 항상 그 일을 걱정하고 있었다.
　그는 아내가 아들 하나 낳아주길 바랐지만 실은 아내는 애기를 낳을 수가 없었고 십여 년간 한 번도 임신을 한 적이 없는 여자였다.
　허쟝마는 종종 이런 말을 했다.

"아들과 나는 하늘의 별이나 달과 같아. 아무리 별이 많아도 한 떨기 딸 수 없으며, 달이 아무리 밝아도 영원히 내 품에 안을 수 없어. 사람이란 누구나 주어진 운명대로 살아야지 생각대로는 되지 않는 거야."

그녀의 말대로 애기를 갖는다는 것은 절망적인 일이었다.

어느 날, 대토관 두오라앙워는 집 관리인에게 큰 깃발을 관사 지붕에 꽂고 나팔을 불고 큰북을 울리라고 명령했다.

얼마 안 있어, 마을 사람 모두가 말을 타고 관사로 달려왔다. 이때 대토관은 대청에 나와 피로한 모습으로 말했다.

"백성들이여, 그리고 관리들이여 들으시오. 내일 해가 뜨면 여러분과 함께 나의 보배스런 개를 데리고, 산 중턱을 지나 고개를 넘고, 며칠간 사냥을 한 뒤 돌아오려 합니다. 화살이 없는 사람은 나의 창고에 가서 가져오시오."

그때, 한 백성이 앞으로 달려나와 머리를 숙이고 손을 모은 뒤 공손하게 말했다.

"대토관이시여! 사냥은 가시지 않는 것이 좋을 듯합니다."

"왜 그러시오?"

"조금 전, 대토관께서 보배로운 개 철불주(鐵佛珠)를 데리고 가겠다고 하셨잖습니까?"

"그랬지요?"

"그 개를 잃어버리지 않아야지, 만약 잃어버리기라도 한다면 우리가 어떻게 외부의 침략을 막을 수 있겠습니까? 대토관께서는 깊이 생각하신 뒤 결정하시기 바랍니다."

"두려울 게 뭐가 있겠소? 당신은 산양 새끼보다 더 간이 작군요. 크게 놀랄 것도 두려워할 것도 없소."

"대토관님, 저는 놀라고 두려워서 하는 소리가 아닙니다. 마을 사람들 모두를 생각해서 하는 말입니다."

"뭐라고? 당신이 감히 나의 주장을 반대하시오? 내가 말하는 것은 '큰 강물은 거꾸로 흐르지 않으며, 산 위의 돌은 위로 굴러가지 않는다.'는 뜻이오."

쓰러즌(色勒珍)은 대토관이 화를 벌컥 내는 걸 보고 말없이 물러섰다.

이튿날, 해가 뜰 때 사람과 말은 궁막사 앞에 모여 당당하게 출발했다.

대토관은 아끼는 사냥개 철불주를 데리고 맨 앞에 섰다. 그들은 많은 산과 계곡과 고개를 넘었지만 그동안 내린 눈에 갇힌 산돼지 한 마리도 발견하지 못했다.

어느 날 이른 아침, 그들이 대암산(大巖山)을 지나가는데 한 무리의 누런 사슴을 만났다. 대토관은 바로 개를 풀어 사슴을 잡게 했다.

오전에 그들은 서른입곱 마리의 사슴을 잡은 뒤 오후에 차를 마시며 쉬고 있을 때, 철불주가 갑자기 한 가닥 무지개로 변하더니 대토관 앞에서 반짝! 하고 사라졌다.

날이 어둡도록 부근의 숲 속과 계곡을 다 뒤졌지만 사냥개 철불주는 끝내 보이지 않았다.

대토관은 몹시 화가 나서 말했다.

"오늘 나의 보배스런 개를 잃어버렸는데 만약 찾지 못하면 죽어도 돌아가지 않겠소. 오늘 밤은 모두 산 아래서 자고 내일 다시 찾아보도록 합시다."

그때, 쓰러즌이 말했다.

"보세요. 대토관님, 제가 뭐라고 했습니까? 철불주를 잃어버릴지 모른다고 하지 않았습니까?"

대토관은 쓰러즌의 말을 못 들은 척하며 다른 곳을 보았다.

이튿날 아침 일찍, 대토관은 쓰러즌을 불렀다.

"당신은 저 산꼭대기로 올라가서 사람과 개 소리가 들리는지 보고 오시오."

쓰러즌은 산꼭대기로 올라가서 보았지만 사방은 조용하고 아무 소리도 들리지 않았다. 다만 흐르는 물소리와 나무 잎들의 움직이는 소리 그리고 흰 구름이 바쁘게 지나가는 것만 보였다.

쓰러즌은 몹시 실망을 하고 무심코 고개를 동쪽으로 돌렸는데 먼 곳 숲 속에서 한 가닥 연기가 피어오르는 것이 보였다. 그는 한 가닥 희망이 있을지 모르겠다고 생각하고 바로 산을 내려가 대토관에게 말했다.

"대토관님, 보았습니다!"

"철불주를 찾았어요?"

"아닙니다. 한 가닥 연기가 피어오르는 것을 보았을 뿐입니다."

"어디요?"

"저쪽 큰 숲 쪽입니다!"

쓰러즌은 손가락으로 연기가 피어오르는 곳을 가리켰다.

대토관은 그 말을 듣고 쓰러즌에게 길을 안내하라고 했다.

그리고 사람들에게 말을 타고 연기가 나는 곳으로 가보자고 했다.

점심때, 대토관과 사람들은 이름도 모르는 마을로 갔다. 어느 집 문간에서 한 늙은이를 만났다. 노인의 머리칼은 은실처럼 희고, 눈은 푸른 보석 송아석(松兒石) 같고, 입안에는 이가 한 개도 없어 입을 벌리면 낡은 바위굴같이 보였다. 그러나 몸은 성벽처럼 강건하게 보였다.

노인은 사람들을 한 번 훑어보고는 두오라앙워가 대토관임을 바로 알고 티베트 사람들이 가장 아끼는 하얀 카드(卡德)를 바친 뒤, 본래 서 있던 곳으로 돌아가 분부를 기다렸다.

이때, 대토관은 비로소 늙은이에게 말했다.

"저는 두오라앙워라 하며 예얼만츠얼깡의 대토관입니다. 마침 할 일이 없어 사냥을 나왔는데, 어제 오후에 나의 충견 철불주를 잃어버렸습니다. 우리는 그 개를 찾아 여기까지 왔는데 마침 노인의 집 앞에서 개 발자국을 발견했습니다. 부디 개를 찾을 수 있도록 도와주십시오."

그렇게 말하자 노인은 소스라치게 놀라며 한숨을 내쉬고는 대토관 앞에 꿇어앉아 떨며 말했다.

"대토관님, 대토관님의 보배로운 개를 저는 보지 못했습니다. 그리고 보았다 하더라도 어찌 감히 제가 잡아 두겠습니까? 대토관님이 믿으실 수 없다면 안으로 들어가서 찾아보십시오."

대토관은 그 말을 듣고 아무런 대꾸도 없이 사람들을 데리고 집 안으로 들어갔다.

그들은 세 번째 문에서 한 노부인을 만났다. 노부인 역시 은빛 머리칼에 송아석 같은 눈과 이가 없어 입을 벌릴 때면 오래된 바위굴 같았다. 하지만 몸은 오래된 소나무처럼 건장하게 보였다.

대토관은 한두 걸음 나아가 노부인에게 물었다.

"노부인, 나의 보구 철불주를 못 보았습니까?"

"오, 대토관님, 저는 본 적이 없습니다. 보았다고 해도 이 늙은이가 감히 붙들고 있겠습니까?"

대토관은 그 말을 듣고 몹시 화를 내어 말했다.

"아니오. 나의 충견 철불주는 분명 당신 집에 있을 거요. 빨리 문을 여시오! 열지 않으면 그냥……."

노부인은 그 말에 겁이 나서 땅바닥에 무릎을 꿇고 울며 말했다.

"대토관님, 저희 두 늙은이는 젊을 때도 그런 개를 키운 적이 없습니다. 지금 이렇게 늙은 저희들이 어떻게 그런 개를 키우겠다고 숨기겠습니까? 대토관님께서 믿지 못하시겠다면 제가 방문을 열어 보여드릴 테니 찾아보십시오."

노부인은 그렇게 말하고 대토관이 들어가도록 방문을 열어주었다.

대토관이 방 안을 들어서 보니 한 명의 아리따운 아가씨가 있었다. 그녀는 마침 침대 옆에서 털실을 고르고 있었는데 옷 입은 모습이 아주 단정할 뿐만 아니라 대나무보다 더 가늘고 우아하게 보였다. 그리고 말소리는 벌꿀보다 더 달콤하고 몸에서 풍기는 향기는 계수나무 꽃보다 진하게 났다. 대토관은 그렇게 많은 곳을 다녀보았지만 이렇게 아름다운 아가씨는 한 번도 본 적이 없었다.

'만약 저 아가씨가 나에게 시집을 온다면 그녀를 위해 목숨이라도 바칠 수 있으며 더 이상 소원이 없겠다.'

대토관은 감동하여 한 곡의 산노래를 불렀다.

청황색의 산에 뛰노는 한 마리 모란 사슴이여
나와 함께 풀을 뜯어먹을 수 있다면
내 머리의 녹용을 꺾어 그대에게 주리라
기꺼이, 기꺼이. 그대에게 주리라.

이 집의 오색구름 같은 아가씨여
나와 한 마음이 될 수 있다면
비록 욕은 먹더라도 달게 받으리
기쁜 맘으로, 즐거운 맘으로

노래를 부르고 나서, 대토관은 아주 예의 바르게 두 노인을 향해 말했다.

"두 분 어르신, 두려워하지 마세요. 더 이상 철불주에 관한 것은 묻지 않겠습니다."

두 노인은 꿇어앉아 고맙다는 인사를 했다. 그런데 누구도 대토관이 그렇게 부드럽게 나올 줄 몰랐다.

그들은 손을 모으고 고개를 숙인 채 말했다.

"대토관께서는 서 계신 모습이 신산 위의 든든한 기둥나무 같고, 아래로는 강에 걸쳐 놓은 다리와 같사옵니다."

"나는 검은 야크의 등에 한 줄의 하얀 선을 긋고, 역시 흰 말의 머리에 검은 점을 찍을 수 없습니다. 고마워할 건 없습니다. 나에게 한 가지 부탁이 있는데 두 분이 해결해 주어야 할

것 같습니다. 도와주시겠습니까?"

"무슨 일이시죠? 대토관님, 서슴지 마시고 말씀하세요. 저희들이 할 수 있는 일이라면 분명 대토관님을 위해 있는 힘을 다하겠습니다."

"방 안에 있는 저 아가씨는 누구인가요?"

"그는 저의 딸 주오와러무(卓娃熱姆)입니다. 올해 만 열아홉 살인데 혹시 그 애가 대토관님께 잘못한 일이라도 있다면, 우리 두 늙은이의 얼굴을 봐서라도, 그 애의 어려서 모르는 점을 용서해 주십시오."

"천만에, 천만에요. 그녀가 나에게 잘못한 것이 아니라 내가 그 아가씨에게 반해 버린 것입니다. 나는 그녀를 관사로 데리고 가서 아내로 맞이하고 싶은데 두 노인께서 허락해 주실 수 있는지요?"

"그 그건. 대토관님…… 안 됩니다……."

두 늙은이는 말을 잇지 못하고 머리만 내저었다.

"뭘 그렇게 두려워하세요? 그녀가 나에게 시집오면 첫째는 먹을 것도 걱정 없을 것이고, 둘째 입는 것도 걱정 업을 것입니다. 만약 두 분께서 딸이 없어 시중들 사람이 없다면 내가 두 명의 종과 돈도 넉넉하게 드리겠습니다. 그러면 안 될까요?"

"대토관님, 아니 안 됩니다……."

두 노인은 여전히 가슴이 아픈 듯 고개를 저었다.

대토관은 두 노인이 대답하지 않자 얼굴색을 바꾸어 말했다.

"나는 대토관이라서 나의 깃발로 하늘의 반쪽을 가릴 수 있고, 소와 말은 산 천 개를 덮을 수 있으며, 은으로 바다를 매울 수 있고, 금으로 둑을 쌓아 강을 막을 수 있습니다. 나의 권세가 얼마나 큰지 이래도 모르겠소? 당신들 딸이 뭔데 나와 결혼할 수 없다는 것이오? 바로 말하지만 지금부터 당신들 딸 주오와러무는 나의 아내요. 그녀는 날개가 없어 날아가지 못할 것이고, 법술이 없어 도망가지 못할 것이며, 무서운 무력으로도 그녀를 빼앗아가지 못할 것이고, 제 아무리 흉악한 도적이라도 그녀를 훔쳐가지 못할 것이고, 아무리 간교한 계략으로도 그녀를 도망치지 못하게 할 것입니다. 그리고 일단 주오와러무가 보이지 않을 때는 당신들 두 늙은이의 머리도 보이지 않을 것입니다. 지금 나는 갑니다. 내일 꼭 주오와러무를 아내로 맞이하러 올 것이니 그렇게 아시오!"

대토관은 그렇게 말한 뒤 말을 타고 가버렸다.

이튿날, 대토관은 과연 주오와러무를 아내로 맞이하러 왔다. 그는 많은 사람들과 많은 말, 많은 코끼리까지 끌고 와서 두 노인에게 두 명의 여자종과 또 많은 돈을 주었다. 그리고 주오와러무에게 수달피와 여우가죽으로 만든 외투를 갈아입힌 뒤 진주목걸이도 걸어 주었다. 그리고 금안장을 채운 준마에 태워 두 노인에게 작별인사를 한 뒤 궁전으로 데리고 갔다.
 그들은 가는 도중 내내 날아가듯 호호탕탕하게 갔으며, 해가 꼭지에 왔을 때쯤 관사에 도착했다.
 그날 오후, 궁전에는 술자리가 베풀어져 다들 즐겁게 마셨다. 그때 백성들을 대표하여 쓰러즌이 대토관을 향해 잔을 들어 축하의 말을 했다.

> 하늘에 무지개가 떠서
> 해의 목에 금목걸이를 걸어주었네.
> 비록 진짜 금목걸이는 아니지만
> 금보다 더 귀한 것.
> 위아래는 송아석의 바다요
> 은으로 이불을 깔았네.
> 비록 진짜 금이불이 아니지만
> 은보다 얻기 힘든 것을 얻었구려.

 주오와러무는 마음이 몹시 불안했다.
 '나는 가난뱅이의 딸이다. 토관의 생활은 이처럼 호화롭지만 가난한 사람들의 생활은 말로 표현하기 어려운데, 이 기회에 토관에게 말하여 은과 식량을 꺼내어 가난한 사람들을 구해주어야겠다.'

그녀는 대토관에게 말했다.

"대토관님, 보세요. 문간에 밥을 구걸하러 온 것들이 사람입니까?"

"사람들이죠."

"그렇다면 그들은 누구의 백성입니까?"

"나의 백성이지요!"

"아닌 것 같은데요!"

"어째서요?"

"대토관님은 여기서 관리들과 먹고 마시고 호화판으로 놀고 있는데, 그들은 노인을 부축하고 아이들 손을 잡고 문간에 서서 추위와 배고픔에 떨며 온갖 어려움을 다 겪고 있습니다. 어떻게 대토관의 백성이라 할 수 있겠습니까? 아닌 것 같아요!"

"그럼, 당신이 보기로 나의 백성들은 응당 어떻게 하고 있어야 할 것 같소?"

"마땅히 의식주 걱정 없이 살면서, 길을 갈 때도 말을 타고, 모두 편안하게 살 집이 있는 사람들이죠!"

"저런 사람들이 어떻게 배불리 먹고 따뜻하게 입고 살 집이 있겠소?"

"그건 어렵지 않지요? 대토관님께서 돈을 풀어 그들에게 주면 되잖아요?"

"돈이 많은 것은 나의 복이오. 돈이 없는 것은 그들이 복을 못 타고 나서이죠."

"그건 그렇지 않습니다. 세상을 살아가면서 너무 인색하게 하면 안 됩니다. 대토관님도 아셔야겠지만 돈과 재물은 죄를 만드는 뿌리입니다. 돈과 재물이 많을수록 죄도 더 커진답니다. 세상일은 예측하기 어려워요. 그러니 부탁하건대 대토관님께서 죽은 뒤를 생각하셔 지금 바로 돈과 양식을 풀어 그들에게 골고루 나누어 주십시오!"

그 말을 들은 대토관은 무언가를 생각하는 듯 두 눈을 감았다. 주오와러무는 대토관의 그런 모습을 보고 한걸음 나아가 말했다.

"대토관이시여! 그대는 대지를 비추는 태양이십니다. 그대는 천만 백성의 토관이십니다. 토관님과 백성은 눈을 맞아도 꼿꼿한 소나무입니다. 토관님은 눈 속에서도 푸른 소나무를 본 적이 있습니까?"

대토관은 그 말을 듣고 감동하여 눈물을 흘리며 말했다.

"주오와러무여, 그대는 보통 여인이 아니군요. 나는 당신이 어느 때나 탈 수 있는 당나귀이며, 당신은 의원처럼 병을 고쳐주는 사람이고, 나는 당신이 언제나 갖고 다니는 약초입니다. 당신이 원하는 것은 무엇이든 그대로 하리다!"

대토관은 그렇게 말하고 빠른 걸음으로 위층으로 올라가서 많은 가난한 백성들을 향해 큰소리로 말했다.

"백성들과 관리들은 들으시오! 오늘부터 어려운 백성들을 구하기 위해 돈을 풀려고 합니다. 듣자하니 많은 사람들이 죽어가고 있다는데 지금 나는 한 창고의 돈과 두 창고의 양식을 풀어 백성들을 구제하려 하오!"

그 뒤로, 두오라앙워의 백성들은 그들 따르고 존경하게 되었으며 어디를 가든 그를 칭송하는 소리가 자자했다.

대토관의 첫째 부인 허쟝마는 그 광경에 몹시 불만을 품고 대토관에게 말했다.

"원수는 검은 얼굴의 꼬마를 보면 무서워하고, 집안 사람은 작은마누라를 얻을까 두려워한답니다!"

대토관이 말했다.

"별은 빛나고 쇠똥은 검습니다. 내가 산 중턱을 지날 때 제발 당신은 산꼭대기에서 돌을 굴리지 마시오."

허쟝마가 말했다.

"지금 당신은 검은 아궁이의 부엌을 만들었어요. 설마 목 하나에 머리 두 개를 안전하게 버티고 다닐 수야 없겠지요?"

대토관이 말했다.

"양에 뿔이 나지 않는 것은 무슨 원인이며, 암소가 새끼를 못 치는 것은 무슨 이유인가요? 흙은 검고 곡식은 뾰족하며 눈덩이는 둥근데, 검은 것만 보지 마시오!"

허쟝마는 그 말을 듣고 대답할 말이 없어 묵묵히 물러갔다.

일 년 뒤, 주오와러무는 딸 하나를 낳아 이름을 껑떵러무(更登熱姆)라 불렀다. 껑떵러무가 세 살 되는 그날 밤, 주오와러무는 다시 아들 하나를 낳았다. 이름을 껑떵나화(更登納花)라 지었다.

대토관은 기뻐서 바로 크게 잔치를 베풀고 나이 많은 노인들과 많은 사람들을 초대했다. 잔치에 참석한 사람들은 모두 예얼만츠얼깡에 작은 토사(土司)가 태어났다고 계속해서 잔을 들어 축하를 했다.

"티베트의 경전(經殿)은 작년에 수리했고, 위쪽 금지붕은 올해 앉혔으며 오늘은 낙성을 하는 축하의 자리입니다."

"구백 개의 큰 천막 방은 작년에 지었고, 위쪽의 천창은 올해 달았으며, 오늘은 그 낙성을 축하를 하는 자리입니다."

"껑떵러무는 작년에 태어나고, 껑떵나화는 올해 태어나 오늘은 하늘 아래서 가장 경사스런 날입니다."

그런데 유일하게 첫째 부인 허쟝마는 배알이 뒤틀렸다.

그러나 대토관이 화를 낼까 봐 감히 대놓고 말은 못하고 가슴을 아파하며 옛 추억을 떠올렸다.

"흥, 신산(神山)의 나무를 베어 우리를 만들고, 삶은 양털실로 꽁꽁 묶어 물속에 쳐 넣어버려야지. 내가 눈을 똑바로 뜨고 이렇게 버티고 있는데도 그 못된 것이 아이를 낳아 시끄럽게 하고 있어? 그 아이가 크면 토관으로 세우려고 하겠지? 그러면 내가 어떻게 살지?"

그녀는 생각에 또 생각, 정말 많은 생각을 한 뒤 마지막에 이렇게 말했다.

"흥, 너희 세 모자를 죽이지 않고는 안 되겠어. 나무가 커서 해를 가리고, 풀이 자라 곡식을 죽이려 해도, 나는 연대(蓮臺) 위의 관음보살이 아닌가? 누가 나의 심장을 꺼내어 화살을 만든다 해도 나는 그대로 있지 않겠다."

그날 밤, 그녀는 심복 하녀인 러어(熱惡)와 궁리하여 주오와러무 세 모자를 죽이기로 했다.

그들은 먼저 독약으로 주오와러무를 죽인 뒤 껑떵러무와 동생을 죽여 뿌리까지 완전 없애기로 했다.

이튿날 아침, 러어는 김이 무럭무럭 나는 양고기 국을 들고 주오와러무의 방으로 갔다.

그는 두려운 생각에 문간에 있는 누렁이 큰 개를 보지 못하고 밟아버렸다. 누렁이가 깜짝 놀라 소리를 지르는 바람에 러어는 들고 있던 그릇과 함께 넘어졌다. 누렁이는 그것이 먹고 싶어 군침을 흘렸다.

그때 갑자기 몇 마리의 개들이 둘러싸고 양고기를 서로 빼앗아 먹었다. 마침 러어가 뿔뿔 기어 돌아가려는데 주오와러무의 여자종 주오마(卓瑪)가 방에서 나오다 러어의 이상한 모습을 보고 불러 세우고 물었다.

"러어, 이게 무슨 일이냐?"

"아무것도 아니야. 큰마님께서 둘째 마님이 아이를 낳았다고 축하의 양고기 국을 갖다 드리라고 하셨어. 그런데 갖고 가던 중, 문간에서 넘어져 그 양고기 국을 다 쏟아버렸지 않았겠어?"

러어는 당황하여 그렇게 얼버무렸다.

"아이고, 조심하지 않고. 이 얼마나 불길한 일이냐!"

주오마는 원망스러운 듯 말했다.

"야, 주오마! 나를 불쌍히 생각하여 이 일을 다른 사람에게 절대로 말해선 안 돼. 내가 가서 한 그릇 더 가지고 와서 드리면 되잖아! 이 일을 대토관님께서 아시면 나를 쳐 죽일지 몰라!"

러어는 일부러 두려워하는 체하며 주오마에게 부탁했다.

"걱정 마! 러어야. 내가 말 안할게. 빨리 가서 한 그릇 더 떠와서 나에게 주면 돼!"

러어는 주오마가 자기를 의심하지 않는 것을 보고 몸을 돌려 달려갔다.

러어가 간 뒤 조금 있자, 양고기를 먹은 개들이 갑자기 주오마 앞에 쓰러져 머리를 흔들고 다리를 떨었다. 그리고 코와 입으로 피를 흘리더니 차 한 잔 마시는 사이에 다 죽어버리는 것이 아닌가?

주오마가 마침 놀라 어쩔 줄 모르고 있을 때, 러어는 다시 김이 모락모락 나는 양고기 국 한 그릇을 들고 걸어왔다. 그녀는 개들이 땅바닥에 쓰러져 있는 것을 보고 자기도 모르게 몇 번 몸서리를 쳤다. 그리고 들고 있던 양고기 국그릇을 땅바닥에 던져버리고는 머리를 숙인 체 뒤로 도망쳤다.

주오마는 러어가 간 뒤, 양고기에서 무슨 비밀을 찾겠다는 듯 개 옆에 엎질러진 양고기를 자세히 보았다. 그때 강아지 한 마리가 대문 밖에서 몰래 들어와 양고기를 보고는 날름 주워 먹었다.

주오마의 눈길은 빨리도 강아지에 옮겨갔다. 그리고 잠시 후 입과 콧구멍에서 피가 나왔다. 마치 조금 전의 개들처럼 머리를 흔들고 다리를 쭉 뻗더니 죽어 버리는 것이 아닌가?

주오마는 그제야 꿈에서 깨어난 듯 말했다.

"독약이야! 독약! 양고기 속에. 바로 큰마님의 소행임에 틀림없어!"

거기까지 말하고 민감한 주오마는 말을 거두었다.

그녀가 방으로 돌아가서 조금 전에 본 것을 모두 주오와러무에게 이야기하려는데 갑자기 첫째마님 허쟝마가 방에서 달려나와 큰소리로 주오마를 불러 세웠다.

"주오마, 빨리 와 봐. 너에게 할 말이 있어!"

주오마는 허쟝마가 부르는 소리를 듣고 겁이 났다. 그러나 허쟝마를 범인으로 만들지 않기 위해 역시 달려갔다. 마침 그녀가 문간에 도착했을 때 허쟝마는 그녀를 자기 방으로 밀고 들어가면서 러어에게 눈짓을 했다.

러어는 재빠르게 밖으로 나가 방문을 잠근 뒤, 죽은 개를 재 속에 파묻어 두었다가 아무도 모르게 밤에 바다에 던져 버리려고 생각했다.

허쟝마가 말했다.

"주오마, 너는 총명한 아가씨야. 너도 알다시피 내가 너를 얼마나 좋아하니. 그런데 오늘 있었던 일만 남에게 말하지 않으면 주오마 너에게 좋은 말 두 필과 나귀 열 마리, 양 스무 마리, 야크새끼 백 마리를 주고, 너의 어머니 아버지와 함께 살도록 보내 주겠다. 그런데 만약 오늘 일을 다른 사람에게 말하면 사람을 시켜 너의 목을 먼저 베고 다음은 너의 전 가족까지 죽여 버릴 테다. 네가 어느 쪽을 택하는지 보겠다."

주오마는 뒷말을 듣고 자신도 모르게 몇 번 몸서리를 쳤지만 아무 소리도 하지 않았다.

허쟝마는 주오마가 이미 얼어있는 것을 보고 한발 더 나아가 위협적으로 말했다.

"주오마, 잘 생각해 봐. 너처럼 젊고 예쁜 아가씨가 왜 죽으려 하지? 네가 죽는다고 치자! 설마 불쌍한 어머니 아버지가 다른 사람의 칼에 죽도록 내버려 둘 수야 없겠지?"

주오마는 얼굴색이 창백해지고 무서워 이가 달달 떨렸다. 그녀는 겁을 먹고 몸을 움츠리며 허쟝마가 한 말을 곰곰이 생각해 보았다. 그때 주오마는 나이 많은 아버지 어머니가 묶여 바닷가로 끌려가 목이 잘려 나가는 모습을 보는 것 같아 갑자기 눈물이 쏟아졌다. 그녀는 태어나서 처음으로 있는 힘을 다해 말했다.

"대부인님, 저를 집으로 돌아가게 해 주세요. 저는…… 말하지 않겠……"

허쟝마는 그러한 그녀를 보고 다시 말했다.

"주오마야, 너의 배는 내가 은으로 채워 주었고, 너의 입은 내가 금가죽으로 감싸주었어. 양산(陽山)의 풀을 뜯어 먹고 양산에 똥을 못 싼다고 할 수 없잖아? 마지막으로 똑똑히 기억해 두어라. 하늘은 비록 넓지만 새가 날아다니는 길은 좁으며 나의 문은 크게 열려 있어도 토관의 법은 좁다는 것을!"

주오마가 말했다.

"제 이마에 생긴 주름은 돈을 지닐 운이 아니지만, 세 발자국 걸어 나갈 자유는 있어요."

눈치 빠른 허쟝마가 그 말을 듣고 말했다.

"집으로 돌아가는 것이 그렇게 쉽지는 않아. 그런데 주오와 러무의 달이 아직 차지 않았다. 그녀의 달이 차기를 기다려도 늦지 않으니 너는 지금 집으로 돌아갈 수는 없어. 때가 올 때까지 주오와러무의 방으로 돌아가서 시중을 잘 들도록 하여라."

주오마가 간 뒤, 허쟝마는 즉시 러어를 불러 조심스럽게 말했다.

"너는 그 아이의 행동을 잘 감시하고 있다가 조금이라도 의심스러우면 사람을 시켜 물고기 밥이 되게 바다에 던져 버리도록 하여라."

한 해가 금방 지나갔다.

그 한 해 동안 허쟝마는 손을 쓸 수 없었다. 주요한 것은 대토관과 주오와러무의 그림자가 떨어지지 않고 언제나 같이 자고 같이 먹어, 독을 넣으려 해도 대토관의 오해를 받을까 두려웠다.

그녀는 사람을 시켜 암살을 하려해도 대토관에게 들키면 살아남지 못할까 겁이 나서 마음속으로만 끙끙 앓고 있었다.

하루는, 대토관이 한 살 난 아이와 네 살짜리 딸아이를 주오와러무에게 맡기고 열흘쯤 사냥을 갔다 오겠다는 말을 들었다. 허쟝마는 속으로 좋아했다.

대토관이 사냥을 간 그날 밤, 허쟝마는 마음속으로 믿고 있는 종 두오라(朶拉)와 두오얼루오(朶爾落)를 불렀다.

"주오와러무와 계집종 주오마를 커다란 가죽부대에 넣어 돌과 함께 바다에 던져 버려라."

주오와러무와 주오마를 죽인 그날 밤, 허쟝마는 대토관이 돌아와 물으면 어떻게 꾸며 댈까 궁리하느라 잠을 이루지 못했다.

마지막에 그녀는 날이 밝으면 친정에 가서 오빠에게 방법을 구해 달라해야겠다고 마음먹었다.

동쪽이 훤히 밝아 허쟝마는 몇 명의 심복을 데리고 친정으로 갔다. 그리고 밤이 깊어 오빠의 관사에 도착하여 오빠 허껀(哈根) 대토관과 함께 밀실로 갔다. 짧은 침묵이 지난 뒤 허쟝마는 입을 열었다.

"오빠, 나는 오빠의 여동생입니다. 오빠는 마땅히 동생인 나를 도와주어야 해요. 그렇게 하지 않으면 두오라앙워가 나를 죽일지 몰라요."

"너무 급하게 서둘지 마. 내가 잘 생각한 뒤 대답해 줄게!"

집안은 너무 조용하여 무서울 정도였다. 그들의 심장 뛰는 소리까리 들을 수 있었다.

허쟝마는 불안하여 발을 동동 구르다가 손가락을 당겼다 놓았다 했다. 그러나 또 오빠 허껀의 뜻을 감히 무시할 수 없어 다시 한동안 침묵이 흘렀다.

허껀 대토관이 드디어 자신 있게 입을 열었다.

"허쟝마야, 방법은 하나밖에 없어!"

"무슨 방법이에요?"

"독을 넣는 거야!"

"독을! 어떻게 넣는단 말이오?"

"뭘 그렇게 겁을 먹니? 역시 말은 안하는 게 좋겠어!"

허껀은 그녀를 나무란 뒤, 다시 교활하게 한 바퀴 돌았다. 그녀가 애걸하듯 말했다.

"말해 봐요. 어서!"

"안 돼, 말할 수 없어!"

"안 된다고요? 설마 내가 독을 쓰는 걸 무섭다고 생각하지 않겠지요?"

허쟝마는 정말 화가 나서 그렇게 말했다.

"그래, 그래!"

"그럼, 오빠가 잘못했지요. 사실대로 말하지만 내가 독을 사용하는 걸 무서워한다면 오빠를 찾아오지 않았어요. 오늘 내가 찾아온 것은 더 좋은 방법을 구하기 위해서이지 오빠가 의심할 줄은 조금도 몰랐어요. 흥!"

허쟝마는 매우 불쾌한 듯 말했다.

"됐어. 됐어! 왜 그렇게 화를 내니? 나는 그저 농담을 했을 뿐인데 네가 그대로 곧이들을 줄이야. 하하!"

그는 잠깐 멈추었다 다시 계속했다.

"내가 생각한 방법은…… 두오라앙워가 사냥을 갔다고 했지?"

"그래요!"

"네가 먼저 이 약을 갖고 가서 술에 타 두었다가 그가 사냥에서 돌아오면 수고했다고 하면서, 문간에서 술 두 잔을 따라

주어라. 그럼, 그는 곧 발작을 할 것이다. 그때 너는 사람들을 모아놓고 대토관이 병이 나서 오랫동안 쉬어야 할 것 같다고 하여라. 그리고 사람들에게 집으로 돌아가라고 한 뒤, 두오라앙워를 데리고 너의 방안으로 가서 다시 두 잔의 독주를 마시게 하면 그는 한평생 풍병을 앓을 것이다. 그때 너는 심복에게 시켜 그에게 칼을 씌우고 감옥에 쳐넣어버려라. 그러면 대권이 너의 손에 들어올 것이다. 알겠지?"

거기까지 말하고 그는 허쟝마를 향해 눈을 찡긋하고 다시 말했다.

"그럼 껑떵러무 역시 바로 구리 솥 안의 물고기가 아니냐?"
"하하하! 하하하!"

말을 끝내고 두 사람은 큰소리로 웃었다.

"그런데 그걸 어떻게 하지요? 다른 방법은 없을까요? 하나 더 생각해 보세요!"

허쟝마는 남편 두오라앙워를 미치게 한다는 게 조금 마음에 걸려 오빠 허껀에게 다른 방법을 생각해 달라고 한 것이다.

허껀은 그 말을 듣고 매우 화가 나서 말했다.

"아유! 죽은 사람의 시체를 먹는 독수리는 낮에는 공중을 날아다니다가 밤에는 바위 위에서 잠을 잔다. 그런데 언제나 공중을 날려고 하면 바위 위에 잘 수가 없고, 바위 위에서 자려고 하면 공중을 날 수가 없어. 너는 두 가지 방법 중 어느 것을 고르겠느냐? 꽃사슴도 낮에는 양지바른 산에서 풀을 먹고 밤에는 음지 쪽 산에서 잠을 잔다. 양지바른 산에서 풀을 먹을 때는 음지 쪽 산에서 잠을 잘 수 없으며, 음지 쪽 산에서 잠을 잘 때는 양지 쪽 산에서 풀을 먹을 수 없는 법이야. 다시 말해, 두 가지 일을 한꺼번에 할 수 없기에 한 쪽을 택해야 한다는 거야. 두오라앙워는 낮에 관막사에서 일을 보고 밤에는 너와 함께 잠을 자잖니? 그러니 일을 보려면 너와 함께 잘 수 없고, 너와 함께 꿈을 꾸려면 일을 볼 수 없어. 너는 두 가지 중에 하나만 선택해야 해."

허쟝마는 그 말을 듣고 나서 동의했다.

"오빠, 오빠는 하늘의 번개와 비교할 수 있겠어요. 입을 한 번 열었다 하면 모든 사람을 깨울 수 있고, 오빠가 사람을 죽이겠다면 그 사람은 오빠의 손에서 벗어날 수 없지요. 하하하!"

이튿날 점심때, 허쟝마는 관사로 돌아갔다. 그녀는 혼자 방 안에서 안주를 만들고 술을 준비하여 남편 두오라앙워가 돌아오길 기다렸다.

열흘째 되는 날 오후, 두오라앙워는 표범 서른 마리와 사슴 일흔 마리, 노루 백 마리를 잡아 돌아왔다. 그는 기분이 좋아 허쟝마의 마중을 받고 그녀가 권하는 술을 단숨에 두 병이나 마시고, 두 접시의 안주를 먹고 취해 그 자리에 쓰러졌다.

허쟝마는 일이 성공했음을 보고 함께 간 사람들과 관리들에게 집으로 돌아가 쉬라고 분부했다. 이어 사람을 시켜 껑뗭러무 오누이를 잡아가두라 하고는 두오라앙워와 계속 술을 마셨다.

한편, 그녀는 사람을 시켜 큰 깃발을 지붕 위에 꽂고 나팔을 불고 큰북을 울리게 했다.

밤에 마을 사람들은 무슨 일인가 하고 모두 관사 앞 둑 위에 모여 대토관의 명령을 기다렸다.

갑자기 대토관 두오라앙워가 몸에 실오라기 하나 걸치지 않은 알몸으로 구르며 소란을 피웠다. 사람들이 그걸 보고 이상하게 생각하고 있을 때, 토관의 아내 허쟝마가 말없이 흙으로 쌓은 단 위로 올라갔다.

그녀는 대토관을 가리키며 가슴 아픈 모습으로 사람들을 향해 말했다.

"대토관님께서 사냥 가셨다가 돌아오셔 갑자기 미친병에 걸렸습니다."

그녀가 여기까지 말했을 때, 두오라앙워가 갑자기 일어났다. 그는 옆 사람이 갖고 있는 장검을 뽑아 사람들 속으로 달려들어가 한 사람을 죽이고 소리를 질러댔다.

"그래, 나는 미쳤다. 미쳤어!"

허쟝마가 말했다.

"보시다시피 대토관은 미치광이가 되었습니다. 여러분, 도망치지도 두려워하지도 마시오. 빨리 토관의 손에서 장검을 빼앗으시오! 그리고 수갑을 채우고 잠시 옥에 가두어 두시오! 대토관께서 병이 나아 일을 볼 수 있게 될 때까지 내가 대신 대토관의 일을 보겠습니다."

"그럴 수가……."

군중들의 소란이 일어났다.

"여러분들은 지금 뭐라고 지껄이고 있소? 감히 나에게 반항하시오? 지금부터 누구라도 복종하지 않는 사람이 있다면 내가 그를 죽여 버리겠소."

사람들이 조용히 하자, 그녀는 어서 해산하라고 선포했다.

그날 밤, 두오라앙워는 바로 감옥에 갇혔다. 허쟝마는 잔치를 크게 베풀어 자기의 심복들과 관리들 그리고 남녀종들을 초대했다.

그날부터, 예얼만츠얼깡의 대권은 대토관의 첫째 부인인 허쟝마의 손으로 넘어갔다. 그러나 그녀는 아직 마음이 놓이지 않아 껑떵나화 남매를 죽여 뿌리까지 완전 제거하겠다고 생각하고 하나하나 준비를 했다.

어느 날, 껑떵나화 남매가 어머니와 아버지 생각을 하고 있는데 갑자기 두 사람이 문안으로 들어섰다. 껑떵나화가 머리를 들어보니 러부단(熱不丹)과 니꺼(尼哥)라 그들에게 물었다.

"두 분은 정말 이상하군요. 언제나 우리만 보면 웃더니 오늘은 왜 걱정스런 얼굴을 하고 있지요?"
"그래! 너희들 목숨이 달려 있는 일이라 그런가 봐."
하고, 러부단이 말했다.
"그가 누구인가요?"
"첫째 마님이!"
"언제요?"
"지금!"
러부단은 칼을 휘두르며 말했다.
"당신들인가요?"
하고, 껑떵나화가 물었다.
"아니, 첫째 마님이 우리를 보냈어!"
하고, 니꺼가 말했다. 나화가 엄숙하게 물었다.
"큰어머니가 왜 우리를 죽이라 하던가요?"
"아이고. 휴!"
니꺼는 한숨을 쉰 뒤, 이어 말했다.
"너희들은 아직 어려서 일을 모르니까 첫째 마님이 예얼만 츠얼깡의 대토관이 되었지."
"우리 아버지는요?"
"첫째 마님이 미치게 하여 지금 감옥에 갇혀 있어."
"그럼, 우리 어머니는요?"
"첫째 마님이 물고기 밥으로 너희 어머니를 바다에 갖다 버렸어!"

 두 아이는 그 말을 듣고 머리를 싸안고 통곡을 했다. 그래도 껑떵나화가 총명하여 한바탕 울고 난 뒤 물었다.

 "허장마는 아버지를 그렇게 만들고 어머니를 죽인 것만 해도 만족할 텐데 왜 우리까지 죽이려 합니까?"

 "바보같이! 첫째 마님이 너희들 둘을 죽이려는 이유가 있지. 첫 번째, 네가 자라면 분명 토관이 될 것이고 그러면 그녀는 마음대로 할 수 없게 될 것이 아니냐? 두 번째, 그녀가 너를 죽이지 않으면 네가 커서 너의 어머니와 아버지 원수를 갚기 위해 그녀를 죽일 것이 분명하니, 지금 바로 너희 둘을 죽여 후환을 없애 버리자는 거야."

 니꺼와 러부단은 말없이 서로 얼굴만 보고 있었다. 사실 그들 두 사람은 죄 없는 아이들을 죽일 생각은 전혀 없었다.

 껑떵나화는 두 사람의 마음을 알고 기회를 봐서 껑떵러무에게 말했다.

 "누나야, 아버지는 옥에 갇히고 어머니는 이미 꿈속의 어머니가 되셨어. 그런데 우리 둘은 어떻게 하지? 마치 여우 입 속에 들어간 두 마리의 아기 참새 같지? 아직 나는 어려 죽게 될지도 몰라! 보아하니 여기에서 사는 것보다 차라리 독수리 둥지 밑으로 이사를 가는 것이 낫지 않을까? 그러면 잠시라도 생명을 보존할 수 있을 거야! 왜냐하면 독수리는 자기 둥지 밑에 사는 참새는 잡아먹지 않거든"

니꺼와 러부단은 껑떵나화의 말을 듣고 뜨거운 눈물이 흐르는 것을 참을 수 없었다. 그들 두 사람은 약속이라도 한 듯 번쩍이는 칼을 거두어 넣으며 남매를 위로했다.

"겁내지 마라. 너희 둘을 죽이지 않기로 했다. 자라서 꼭 복수를 해야 한다!"

그는 이어 말했다.

"그런데 오늘부터 너희들은 우리 집에 가서 함께 살자. 그리고 절대로 나다니면 안 된다."

말을 마치고 니꺼는 두 살짜리 껑떵나화와 다섯 살짜리 껑떵러무를 데리고 그의 집으로 갔다.

러부단은 땔감을 쌓아두는 방에서 개 두 마리를 죽인 뒤 심장을 꺼내어 허쟝마 앞으로 가서 바쳤다. 허쟝마는 피가 흐르는 심장을 보고 그제야 믿었다. 허쟝마는 상으로 러부단과 니꺼에게 많은 돈과 가축까지 주었다.

다시 일 년이 지났다. 껑떵나화 남매는 니꺼의 당부를 잊고 여기저기 쫓아다녔다. 하루는 둘이 니꺼의 집 앞에 있는 개울가에서 놀고 있는데 불행하게도 허쟝마의 계집종 러어에게 들키고 말았다. 그녀는 돌아가 허쟝마에게 모두 그대로 보고했다.

허쟝마는 껑떵나화 남매가 아직 살아 있다는 말을 듣고 러부단과 니꺼에게 속았다는 것을 알았다.

그래서 먼저 그들 둘을 죽이고 뒤에 남매를 잡아들이려 했지만 백성들이 가만히 있지 않을 것 같아 한 가지 궁리를 했다.

그날 밤, 그녀는 한 장의 금방 벗긴 양가죽에 썩은 치즈와 우유를 바른 뒤 자기 침상 밑에 눌러 놓았다.

이튿날, 온 집 안에 썩은 냄새가 코를 찔렀다. 허쟝마는 침상에 누운 체 큰소리로 신음을 했다.

백성들은 허쟝마가 급한 병에 걸렸다는 말을 듣고 모두 병문안을 하러 달려왔다.

그 중 어떤 사람은 썩은 냄새를 맡고 구토를 하며 물었다.

"토관님, 도대체 무슨 병에 걸리셨기에 집 안에 이런 냄새가 납니까?"

"아이고, 내 병이 위중하여 죽을 것 같아요!"

"어떻게 하면 고칠 수 있을까요?"

"나의 병은 고칠 수 없어요!"

"그래도 어떻게 하면 나을 수 있습니까?"

"나의 병이 나으려면 껑떵나화 남매를 죽여야 합니다."

한 사람이 끼어들어 물었다.

"왜 그렇습니까?"

"왜냐고요? 그건 그들 둘과 나와의 합이 맞지 않아서이죠. 그들 둘의 띠가 나와 상극이기 때문입니다. 만약 그들 둘을 죽이지 않으면 내가 죽어야 합니다. 당신들은 내가 살아 있기를 바랍니까? 아니면 그 아이 둘이 살아 있기를 바랍니까?"

백성은 한 마디 말도 하지 않았다.

허쟝마가 연이어 세 번이나 그렇게 물어도 대답하는 사람은 한 명도 없었다.

그녀는 일이 생각대로 잘 되지 않는 것을 보고 재빨리 말을 바꾸었다.

"아이고! 내가 보니 역시 이렇게 해야겠군요. 그들 둘은 젊고 총명하니 내가 죽으면 되겠군요. 그런데 그들 둘이 갑자기 보고 싶군요. 내가 그들을 보아야 죽어도 눈을 감을 수 있을 것 같아요."

러부단과 니꺼는 그 말이 사실인 줄 알고, 이튿날 직접 그들 두 남매를 관사로 데리고 갔다.

허쟝마는 그들 남매에게 말했다.

"사람이 목이 마르면 물 세 모금으로는 갈증을 풀 수 없고, 까마귀는 날아가 봐야 멀리 갈 수 없는 법이야! 이제 너희들을 보았으니 됐다. 가 보아라."

그날 밤, 허쟝마는 아이들이 살아 있다는 것을 눈으로 확인하고 사람을 시켜 물고기를 잡아 생활하는 어부 형제를 불렀다. 그 두 사람은 예얼만츠얼깡에서도 마음씨가 가장 독한 사람이었다.

그녀가 형에게 말했다.

"당신이 형인가요?"

"예, 제가 형됩니다!"

"껑떵러무를 물고기 밥이 되게 바다에 던져 버려주시오!"

"예, 토관 나으리!"

그리고 그녀는 둘째에게 말했다.

"당신이 둘째인가요?"

"예, 둘째입니다!"

"당신은 껑떵나화를 먼저 돌로 쳐 죽인 뒤, 물고기 먹이로 바다에 던져 버려주시오!"

"예, 토관 나으리!"

껑떵나화는 어부 형제가 오는 것을 보고 이상해서 물었다.

"어부 아저씨, 어떻게 오셨어요? 큰어머니가 시켜서 오셨습니까?"

"그렇다!"

하고, 형이 대답했다.

껑떵러무는 허쟝마가 그들 두 사람을 보냈다는 말을 듣고 좋은 일이 아닌 나쁜 일이겠다고 짐작했다. 그래서 사정하듯 말했다.

"어부 아저씨, 저와 남동생은 아무런 죄가 없습니다. 왜 우리를 죽이려 하세요? 설마 죄 없는 사람을 죽이려는 것은 아니겠죠? 다시 말해 저희 둘은 아무 일도 모르는 아이입니다. 어부 아저씨는 우리 마을에서도 가장 존경받는 영웅인데 설마 영웅이 비겁하게 아무것도 모르는 어린 두 아이를 죽이시지는 않겠죠?"

껑떵나화는 어부 형제가 입을 열지 않는 것을 보고 급히 끼어들어 말했다.

"누나, 문 앞 나무 위에 저 까마귀를 좀 봐. 낮에는 엄마 아빠가 먹을 것을 갖다 주고, 밤에는 엄마 아빠의 날개가 비와 바람을 막아주어 그들은 얼마나 행복하겠어! 누나, 그런데 우리 두 사람은 뭐냐? 낮에 음식을 갖다 줄 어머니 아버지가 안 계시고, 밤 역시 비바람을 막아주는 어머니와 아버지가 안 계셔서 오늘 밤과 같은 일이 일어나잖아!"

그렇게 말하고 누나의 품에 엎드려 큰소리로 울기 시작했다.

어부 형제는 껑떵나화의 말을 듣고 마음이 아팠지만 무서운 허쟝마의 명령을 저버릴 수도 없어 마음을 고쳐먹고 말했다.

"말이 많으면 마음이 아프게 되고 술을 많이 마시면 취하게 마련이야!"

껑떵나화가 말했다.

"산개울은 작지만 물 흐르는 소리가 큰 것은 그 뒤에 설산이 있다는 뜻이고, 보통 사람이지만 말소리가 큰 걸 보면, 뒤에 어떤 사람이 있다는 뜻이군요."

형제 두 사람은 못들은 체하고 남매를 묶어 등에 지고 몰래 관사를 빠져나갔다.

그런데 그때 마을에서 가장 나이 많은 노인이 보고 있었다. 그러나 허쟝마의 세력이 커서 노인 역시 화가 나지만 감히 말도 못했다. 그는 어부 형제가 멀리 걸어가는 것을 보고 땅바닥에 꿇어앉아 두 남매를 위해 기도를 했다.

"불쌍한 껑떵나화야! 너는 산 위에 얼굴 반쪽을 내밀고 웃는 해와 달 같은데 무정한 먹구름에 가렸구나. 불쌍한 껑떵러무야. 너는 지상에서 가장 아름다운 모란 꽃봉오리 같은데 한바탕 무정한 우박덩이에 맞아 떨어지는구나!"

기도를 마친 뒤, 노인은 자기 막사를 향해 묵묵히 걸어갔다.

어부 형제가 두 남매를 땅에 막 내려놓는데, 껑떵나화는 한 무리의 황오리가 달빛을 받으며 유유히 바다에 헤엄치고 있는 것을 보았다. 그는 무슨 생각이 떠오르는 듯 누나를 향해 말했다.

"누나, 황오리들이 헤엄치는 것이 보이니?"

누나가 가슴 아픈 듯 말했다.

"보여!"

"앞서가는 오리는 누구를 닮았지?"

"아버지 같아!"

"뒤에서 무리를 돌보는 오리는 누구 같아?"

"어머니 같지!"

"가운데 오리새끼는?"

"너와 나 같지!"

"아니야, 아니!"

어부가 끼어들어 말했다.

"왜 아니야?"

"어부 아저씨, 보세요. 황오리 새끼는 아빠 오리가 보호해 주는데, 나와 누나는 엄마 아빠의 보호도 받지 못하고 허장마의 악독한 검은 손과 어부 아저씨의 시퍼런 칼 아래 있잖아요? 그리고 새끼 황오리는 물에서 자유자재로 헤엄치며 놀고 있는데, 나와 누나는 꽁꽁 묶인 채 차디찬 모래사장에서 누워있다가 잠시 후면 물고기 뱃속에서 놀겠지요? 우리는 아무 죄도 없는 아이들인데 어떻게 새끼 황오리보다 못해요?"

껑떵나화가 말했다.

"하늘에 날아다니는 수많은 새들도 엄마 아빠 새가 일일이 먹이를 날라주어 자라고, 땅 위의 아이들도 부모가 젖을 먹이고 음식을 갖다 주어야 무럭무럭 자랍니다. 새와 사람 모두 어린 생명을 보호해야 할 의무가 있는데 설마 두 사람은 저희 어린 생명과 자유마저 빼앗지는 않겠죠?"

첫째는 그 말에 묵묵부답이었지만, 마음속으로는 두 남매의 처지에 몹시 동정하고 있었다. 둘째도 형을 보고 한동안 묵묵히 있다가, 형이 부르는 소리에 정신을 차리고 귀를 기울였다.

"둘째야, 이쪽으로 와 봐. 그런데 너는 왜 우니?"

"두 아이의 처지가 비참한데 어찌 울지 않겠어요. 사실대로 말하지만 대토관이 계신다면 우리를 불러 남매를 죽이라고 하지 않았을 것입니다. 토사가 계신다면 우리가 감히 그들의 그림자도 밟을 수 있겠습니까? 지금 남매의 어머니는 허쟝마에게 죽고, 아버지는 감옥에 갇혀 있습니다. 아무 죄도 없는 두 아이를 나 이 예얼만츠얼깡의 영웅이 어찌 죽일 수 있겠습니까? 할 수 없습니다. 죄 없는 착한 사람을 저는 죽일 수 없어요!"

"둘째야, 너의 말대로 두 아이를 놓아주자."

"그래요. 풀어 줍시다!"

"허쟝마 토관이 알면 어떻게 하죠?"

"그들을 풀어준 뒤 우리는 바로 배를 저어 바다 저쪽으로 도망치는 거야. 그럼 안전하지 않겠느냐?"

"그래요. 그들에게 빨리 도망치라고 합시다!"

어부 형제는 그렇게 의논한 뒤 바로 돌아와서 남매에게 말했다.

"너희들은 지금 바로 해가 뜨는 쪽을 향해 가거라. 조금 있으면 날이 밝을 거야. 그리고 낮에는 사람들이 보니 다니지 말고 숲 속에 숨어 있다가, 날이 어두워지면 다시 가거라. 그렇게 해야 허쟝마가 너희들을 잡을 수 없을 거야. 빨리 가거라. 빨리!"

남매는 묶인 채 죽을 줄 알았다. 그런데 그들이 밧줄을 풀어주자 새끼줄에 묶여 있다가 풀려나온 양처럼 좋아서 어쩔 줄을 몰랐다.

그들은 날아가듯 가벼운 마음으로 해 뜨는 쪽을 향해 정신없이 달려갔다. 목적지도 없었다. 도중에 산을 만나면 산을 넘고, 강을 만나면 강을 건너고, 날이 밝으면 숲 속에 숨어 과일로 주린 배를 채웠다. 껑떵나화가 누나에게 기대어 말했다.

"누나, 어젯밤 우리는 먼 길을 걸어왔고 오늘 밤에도 또 먼 길을 걸어가야겠지? 오늘은 과일이라도 먹을 것이 있는데 내일도 있을까? 그리고 오늘은 숲 속에서 아무도 만나지 않았는데 내일은 만날 수 있을까?"

"나화야, 겁낼 것 없어. 어젯밤은 먼 길을 걸었지만 오늘밤은 짧을 거야. 그리고 오늘은 적게 먹었지만 내일은 더 많은 과일을 먹을 수 있을 것이며, 오늘은 숲 속에서 사람을 만나지 못했지만 내일은 착한 사람을 만날 수 있을 거야!"

껑떵러무는 그렇게 동생을 위로했다. 두 아이는 잠시 쉬었다가 다시 계속 앞으로 갔다. 도중에 그들은 많은 들짐승과 독사를 만났고 오후가 되자 껑떵나화는 피로에 지쳐 더 이상 걸을 수 없게 되었다.

그래서 커다란 벚나무 아래 누워 누나에게 말했다.

"누나, 지금 나에게는 오직 누나뿐이야. 생각하는 것도 단 한 사람 누나야. 살아도 같이 살고 죽어도 같이 죽자."

"나화야, 쓸데없는 생각하지 마라. 자, 나에게 업혀!"

그렇게 하여 여섯 살짜리 누나는 세 살짜리 동생을 업고 벌거숭이 큰 산 앞까지 갔다. 두 남매는 목이 말라 물을 찾았지만 부근에는 물이 없었다. 누나는 동생을 부축하여 바위 위에 앉혀놓고 혼자 물을 찾아 나섰다.

껑떵러무가 간 지 얼마 안 되었는데 갑자기 바위 밑에서 푸른 뱀 한 마리가 기어 나와 동생의 발을 물고는 다시 굴속으로 들어 가버렸다. 나화는 외마디 소리를 지르고 땅바닥에 굴러 떨어져 정신을 잃고 말았다.

한편, 껑떵러무는 한 방울의 물이라도 찾으려고 온 산을 헤맸지만 실망하고 돌아올 수밖에 없었다.

한곳을 보니 땅이 움푹 패여 있고 그곳에 학 한 마리가 발로 흙을 뒤로 차내는 것이 보였다. 누나는 호기심에 그곳으로 가 보았다.

정말 아니나 다를까 학이 흙을 파낸 곳은 맑은 샘물이 솟고 있었다.

껭떵러무는 기뻐서 껑충껑충 뛰었다. 그리고 바로 땅바닥에 엎드려 물 몇 모금을 마신 뒤, 물을 떠가지고 가려는데 물그릇이 없었다.

무엇으로 물을 길어가지? 할 수 없이 허리에 차고 있던 부대와 옷깃에 물을 적셔 돌아가서 짜서 마시기로 했다.

껭떵러무가 기쁜 맘으로 동생이 있는 곳으로 가서 보니 동생은 이미 싸늘한 몸으로 죽어 있지 않은가? 껭떵러무는 놀라 동생을 안고 큰소리로 불렀다.

"나화야, 나의 착한 동생아. 너의 운명도 참 기구하구나. 어머니는 살해당하고 아버지는 옥에 갇히고, 우리는 여러 번 죽을 뻔했지만 그래도 지금까지 살아왔는데 이게 무슨 꼴이냐? 그리고 마지막에 마음씨 좋은 어부 아저씨들을 만나 둘은 풀려났고, 이제 살았구나 생각했는데 네가 인연도 없고 알지도 못하는 이곳에서 죽다니 정말 허망하구나! 정말 애석하다. 이렇게 물도 없는 바위 산 밑에서 네가 죽다니……"

껭떵러무가 마침 정신없이 울고 있을 때 갑자기 흰 뱀 한 마리가 나타나 나화의 발바닥 한가운데를 한 번 물고는 금세 보이지 않았다.

처음에는 잘못 보았겠지 생각했는데, 조금 있다가 보니 나화가 움직이는 것이 아닌가?

"나화야, 이제 정신이 드니?"

나화는 작은 소리로 말했다.

"누나, 물 마시고 싶어!"

껑떵러무는 동생이 살아 있는 것을 보고 지금까지의 모든 고통을 잊었다. 껑떵러무는 재빨리 동생을 안고 부대를 동생의 입에 갖다 대었다. 그리고 물이 나올 때까지 짰다. 동생은 목을 축인 뒤 정신을 차리고 누나의 품에서 나와 앉았다.

나화는 착한 아이처럼 누나가 물을 길러 간 사이에 있었던 일을 웃으면서 이야기해 주었다. 그가 말했다.

"누나가 물을 길러 간 뒤 혼자서 자고 있는데 갑자기 어디서 기어 왔는지 파란 뱀 한 마리가 나의 다리를 물고는 사라지지 않았겠어! 나는 한마디 고함을 질렀는데……. 그 뒤로 어떻게 되었는지 기억이 나지 않아."

껑떵러무가 말했다.

"죽었어! 죽어 있었어!"

"죽었는데 어떻게 살아났지?"

나화는 영문도 모르고 그렇게 말했다.

"내가 산에서 내려와서 보니 네가 자고 있었어. 그래서 깨웠지. 그런데 대답이 없었어. 이상해서 밀어 보았지만 꼼짝도 안 했어. 다시 너의 몸을 만져 보았는데 몸이 싸늘하고 숨기운이 없어 죽은 줄로만 알았어. 그래서 땅을 치며 울고 있는데 갑자

기 백사 한 마리가 나타나 너의 발을 물고는 사라지지 않았겠어. 너무 놀라 어쩔 줄 모르고 있는데 네가 움직이기 시작했지. 그리고 물을 먹었더니 정신을 차리더구나."

누나는 흥분된 어조로 말했다.

"내가 보니 그 백사가 너의 목숨을 구해 준 은인이야. 그렇지?"

"그래, 백사가 생명의 은인이야!"

그런데 갑자기 누나가 동생의 품에 머리를 묻고 큰소리로 울기 시작했다.

"엄마! 엄마가 하늘을 나는 새라면, 나는 엄마의 몸에서 자란 하나의 깃털로서 지금 황량한 들판에 떨어져 있어요. 얼마나 비참한가요? 엄마는 강물이라면 나는 강물에 떨어진 돌멩이에 지나지 않아요. 내가 햇빛에 바래 하얗게 되었는데 얼마나 불쌍한지 보세요. 엄마는 이글이글 타오르는 불꽃이라면 나는 타다 남은 재라서 조금만 바람이 불어도 종적 없이 날아가버린답니다. 보세요. 내가 얼마나 가련한지요? 우리 마음은 근심 걱정으로 엮어져 비교할 수 없을 정도로 아프고 바다처럼 깊고 넓으며, 강처럼 급하고 길답니다!"

그때 먼 곳에서 급하게 달려오는 말발굽 소리가 들렸다.

"누가 오고 있어! 누가 오고 있어! 이제 우리는 살았다!"

나화는 누나를 안고 말했다.

"누나야, 누가 와서 우리를 데리고 가든 말든 우리는 그를 따라 가야해. 또 열흘을 걸어도 두렵지 않아!"

"그래, 그에게 우리를 꼭 데리고 가달라고 부탁을 해보자. 그리고 자란 뒤 어머니 아버지의 복수를 해드리자!"

산 쪽에 한 무리의 말 탄 사람들이 남매 쪽으로 급하게 달려왔다. 나화는 기뻐하며 소리쳤다.

"여보세요. 이쪽으로 오세요! 이쪽으로!"

"우리가 갈게. 그런데 너희들은 어디로 가는 길이니?"

그쪽에서 어떤 사람이 반문했다. 나화는 반가워서 누나에게 눈짓을 했다. 남매는 회심의 미소를 지었다.

사람과 말은 점점 가까이 왔다. 러무는 눈썰미가 있어 앞에서 길을 끄는 두 사람이 저량무(澤郞木)과 라투오(羅秅)란 것을 단번에 알 수 있었다. 껑떵러무는 갑자기 얼굴색이 창백해져 나화를 돌아보고 말했다.

"나화야, 저들은 허쟝마가 우리 뒤를 쫓도록 보낸 사람들이야. 빨리 도망치자!"

나화와 러무는 몸을 돌려 도망갔다. 그들이 막 산꼭대기에 도착했을 때 말을 탄 사람들이 뒤쫓아 와서 에워쌌다. 저량무는 두 아이를 묶어 말에 싣고 가자고 명령한 뒤 일행과 함께 되돌아갔다.

허쟝마는 두 아이를 잡아온 그날 밤, 저량무와 라투오에게 비밀 명령을 내려 날이 밝으면 껑떵러무와 동생을 묶어서 앞산 꼭대기에 있는 호수에 던져버리라고 했다.

저량무와 라투오는 날이 밝으려 할 때 와서 누이와 동생을 짊어지고 아침 밥 먹을 때쯤 산꼭대기에 도착했다. 그리고 돌다리 위에서 잠시 쉬었다.

그때 나화는 앞산에 아기사슴 두 마리와 함께 풀을 뜯고 있는 한 쌍의 사슴을 보았다.

껑떵나화는 갑자기 무슨 생각이 났는지 누나에게 말했다.

"누나, 앞산에서 풀을 뜯고 있는 사슴들을 좀 봐. 앞에 가는 것은 아버지고 뒤에 가는 것은 어머니며 가운데 가는 어린 사슴들은 우리와 같지 않아? 그들이 얼마나 행복하고 자유롭게 보이니! 우리 둘은 사람이지만 저 사슴들보다 못해. 일찍 이럴 줄 알았다면 차라리 사슴으로 태어났을 걸!"

라투오는 그 말을 듣고 코끝이 찡했다. 그는 끝내 러무를 죽이지 못했다. 그런데 저량무는 끈기 있게 나화를 죽이려 했다. 그렇게 해서 두 사람은 생각이 달라 다투게 되었지만 나중에 라투오는 러무를 데리고 도망을 갔다.

저량무는 라투오가 러무를 데리고 가는 것을 보고 황망히 나화를 절벽에서 밀어버리고 바로 토사의 막사로 보고하러 갔다.

그런데 그때 한 마리 큰 붕새가 설송 위에서 날아와 날개로 나화를 받아 바다 저쪽 편으로 날아갔다. 그런데 붕새의 날개가 단단하지 못했던지 그만 나화를 바다에 떨어뜨리고 말았다.

바로 이때였다. 갑자기 바다에서 금고기 한 마리가 나타나 나화를 태우고 해변으로 데려다 주었다.

나화가 깨어나서 보니 한 마리 앵무새가 앞에 있었다.

"여보세요. 당신은 어디서 온 사람이에요?"

"예얼만츠얼깡 사람인데. 물에 떠밀려 여기까지 왔어."

"어머니 아버지 누나 여동생도 있어요?"

"아버지 어머니 누나도 있어! 아버지는 두오라앙워라 하며 예얼만츠얼깡의 대토관이시고, 큰어머니가 준 독약을 마시고 미치광이가 되어 감옥에 갇혀 있으며, 어머니 주오와러무는 마음씨 나쁜 큰어머니가 가죽 자루에 넣어 물속에 던져 버렸어. 그리고 누나 껑떵러무는 오늘 아침 큰어머니가 보낸 사람에게 나와 함께 묶여 앞산 꼭대기 호수에 던지려고 하다가 라투오란 사람이 놓아 주었어. 나는 저량무가 벼랑에서 밀어 호수에 떨어졌는데 다행히 붕새와 금고기의 도움으로 살아났어."

"아유, 정말 고생 많이 했군요."

앵무새는 동정어린 말을 했다.

껑떵나화가 말했다.

그동안 고생 많이 했지.

나는 무리를 잃은 양처럼

외롭고 쓸쓸하지만
그러나 두렵지 않아
나에게는 튼튼한 다리가 있거든
예리한 귀가 있고
눈도 있는데
누가 나를 잡을 수 있겠니?

외롭고 쓸쓸하다.
무리를 잃은 들소처럼

고독하지만 겁나지 않아
뿔은 예리하고 다리는 튼튼하여
누구도 나를 이기지 못해

앵무새가 말했다.

행복할 때는 행복함을 몰라
말을 타고 갈 때는 궁둥이 아픈 줄 모르고
고통스러울 때는 고통을 모르지

지게를 지고 산노래나 부르자

나화가 말했다.

병 없는 말이 살 안찐다고 하는데
그건 봄날 이야기며
병 없는 대붕의 날개가 연약하다지만
그건 어릴 때 이야기지.

앵무새가 말했다.

너는 사자가 기른 아들이야.
나화여,
너는 단향목을
반으로 쪼갠 것과 같구나

나화가 말했다.

나는 아직도 아기양이란다.
바다에 떠다니는
시들은 나뭇가지처럼

사람의 도움이 필요해
다른 사람의 보호와 관심이 필요해.
앵무새가 말했다.

서두르지 마라.
나화야, 슬퍼하지 마라.
너는 여우처럼 신중하게 걷고
토끼처럼 단정하게 앉으라
예얼완마쟈(葉爾玩瑪甲) 마을의 토관이 죽으면
그의 보좌에 앉을 사람이 없단다.
너는 대토관의 아들이니까
내가 사람을 시켜
너를 대토관으로 모셔가라 할게

앵무새는 말을 끝내고 한 가닥 무지개로 변해 어디론가 사라졌다.

그날 오후, 갑자기 앞쪽에 한 무리의 사람과 말이 점점 가까이 다가왔다. 그들은 모두 말에서 내렸다.

한 사람이 나화 가까이 걸어와 물었다.

"너는 어디 사람이며, 나이는 몇이고, 이름은 무엇이며, 아버지는 누구시냐?"

껑떵나화가 대답했다.

"저는 예얼만츠얼깡 사람이며, 올해 세 살이고, 이름은 껑떵나화이며, 아버지는 대토관 두오라앙워라 합니다."

그는 나화의 말을 다 들은 뒤, 사람을 시켜 금안장을 채운 말 한 필을 끌고 와서 타라고 했다. 그리고 금실로 짠 옷 한 벌을 주고 또 황라보산(黃羅寶傘)을 씌워 주었다.

껑떵나화는 옷을 갈아입고 백성의 부축을 받아 말에 올라 예얼완마쟈로 갔다.

이튿날, 그는 바로 대토관 자리를 승계했고 예얼완마쟈의 대토관이 되었다.

반 년이 지난 어느 날, 나화가 마침 방 안에서 누나 러무 생각을 하고 있는데 갑자기 문밖에서 아주 귀에 익은 구걸 소리가 들렸다.

"배가 고파 죽을 거 같습니다. 밥 좀 주세요."

그는 즉시 집 관리인을 불러 나가 보라고 했다. 잠시 후, 관리인이 돌아와 보고했다.

"문 밖에 구걸 온 사람은 여자 아이인데 이름이 껑떵러무라 하며 예얼만츠얼깡 대토관의 딸이라고 합니다. 남동생과 헤어진 뒤 여기까지 오게 되었답니다."

껑떵나화는 급히 문간으로 달려나가 보니 과연 누나 러무라 서로 끌어안고 큰소리로 울었다.

"누나?"

"너, 너는 나화가 아니냐?"

나화는 누나 러무를 데리고 방 안으로 들어갔다. 그리고 여자 종을 시켜 목욕을 시키고 백아수(白椏樹) 향기를 쏘이고 금실로 짠 비단 옷을 갈아입혔다. 그 뒤로 껑떵러무는 나화의 관사에서 함께 살았다.

세월은 물처럼 흘러 하루, 한 달, 일 년…… 어느덧 십오 년이란 세월이 모르는 사이에 지나갔다.

껑떵나화는 이미 성장하여 어른이 되어 백성들을 사랑으로 돌보았으며, 백성들도 토관을 아주 존경했다.

한편, 허쟝마는 어디에서 들었는지 나화가 죽지 않고 예얼완마쟈의 대토관이 되어 있다는 소식을 듣고 복수를 하러 올까 봐 언제나 마음속으로 몹시 두려워하고 있었다.

하루는, 그녀가 모든 백성과 관리들을 관사 앞에 불러놓고 예얼완마쟈를 정벌하고 나화와 러무를 잡아올 것을 의논을 했다. 그런데 모든 사람들의 반대에 부딪혔다.

허쟝마가 말했다.

큰 산불도 처음에는 작은 불씨 하나로 시작하는데
때맞춰 완전히 끄지 않으면

그것이 되살아나 다시 온 산을 태울 것이다.
끌 수 있는 방법이 없느냐?
산개울 물은 적을 때 다스리지 않으면 불어나서
둑을 잠기게 하고 집을 덮치며
사람과 가축들을 쓸어버릴 것이다.
그것을 건질 무슨 방법이 있느냐?

껑펑나화가 아직 어리니까
때맞춰 목을 베지 않으면
어른이 되어 우리 모두를 죽일 것이다.
막을 좋은 방법이 없느냐?

쓰러즌이 말했다.

산불도 처음에는 작은 불씨에서 비롯되지만
그것은 스스로 붙은 것이 아니라
어떤 사람이 불을 놓았기 때문입니다.
산개울 물이 비록 둑과 집을 잠기게 해도
그건 스스로의 힘이 아니며
그 뒤에 설산이 있기 때문이며
껑펑나화가 비록 어리지만

이제 그는 예얼완마쟈의 대토관입니다.
그의 배후에는 많은 백성들이 있습니다.
토관이시여!
말은 쉽지만 정벌하기는 어려울 것입니다.

허쟝마가 말했다.

줄을 떠난 화살을
돌아오라 할 수 있겠으며
하늘에서 내리는 비를
어찌 막을 수 있겠느냐?

백성들과 관리들은 그 말을 듣고 억지로 복종할 수밖에 없었다.
이튿날, 허쟝마는 머리에 철회를 쓰고, 몸에는 철갑을 두르고, 등에는 철궁을 매고, 허리에는 철화살을 꽂고, 흑마에 올라 십만 병사를 인솔하여 예얼완마쟈를 공격하러 갔다.

한편, 껑떵나화는 허쟝마가 십만 병사를 이끌고 쳐들어온다는 말을 듣고 복수할 기회가 왔다고 매우 기뻐했다. 그는 즉시 백성들과 관리들을 모아 허쟝마의 침략을 막아낼 계획을 세웠다.

나화가 말했다.

죽고 싶은 나방은 스스로 불 속으로 뛰어들며
죽고 싶은 벌레는 스스로 거미줄에 걸려드는 법이야!

백성들이 말했다.

오른쪽에서 호랑이를 타고 나오란 규칙은 없다.
돌로 들소의 뿔을 치란 규칙도
화살로 별을 쏘라는 규칙도
가죽 끈으로 흐르는 물을 막으라는 규칙도 없다.
허쟝마가 무력으로 우리를 침략하라는 규칙은 어디 있느냐?

눈 깜짝할 사이에 나화는 전신에 무장을 하고 십만 정예병을 인솔하여 대초원의 둑 안쪽에서 허쟝마와 마주쳤다.

허쟝마가 말했다.

세 걸음도 가지 않았는데
너는 어찌 길이 험하다는 걸 알며
세 마디 말도 하지 않았는데

너는 어찌 내 마음을 알며
세 개의 화살을 쏘지도 않았는데
너는 어떻게 내가 강하다는 걸 아느냐?

나화가 말했다.

나는 당신의 진심을 알고 싶소.
속 시원한 말을 들려주시오

허쟝마가 말했다.

말은 좋은 말 나쁜 말
가려서 해야 한다.
내뱉은 말은 후회해도 소용없다.

나화가 말했다.

당신 마음속의 경전을 펼쳐 보이시죠.
나는 마음속의 원한을 털어내 놓을 테니

허쟝마가 말했다.

내가 너를 쏘아 죽이기 전에
오늘의 해를 따라 가거라

그녀는 말을 마치고 나화의 심장을 겨누어 화살 세 개를 연달아 쏘았지만 모두 빗나갔다. 이번에는 나화가 허쟝마의 오른쪽 어깨를 겨누어 화살 한 개를 쏘았다.

화살은 빗나가지 않아 허쟝마는 말에서 떨어졌고 나화의 병사에게 잡혀 왔다.

허쟝마는 창백한 얼굴색으로 나화에게 애원했다.

나는 토관을 안 하겠다. 예얼만츠얼깡의 모든 권한을 너에게 물려줄게. 나를 한 번만 용서해다오!

나화가 말했다.

등잔불이 밝아도
그 아래쪽은 어둡습니다.
나쁜 사람의 말은 하얗더라도
그의 마음은 검다는 것을 아시오?
한편, 허쟝마가 이끌고 온 말과 사람 그리고 관리들은 나화에게 모두 항복을 했다. 그리고 나화에게 가서 그들의 대토관이 되어 달라고 요구했다.

  나화는 그날 밤 크게 잔치를 베풀어 항복한 병사들을 초대했다.

  그런데 아무도 생각하지 못했는데 그날 밤 허쟝마는 피를 너무 많이 흘려 죽고 말았다.

  이튿날, 예얼만츠얼깡 사람들은 허쟝마의 시체 위에 한 개의 검은 탑을 세웠는데, 흑탑은 나쁜 사람이 다시는 이 세상에 태어나지 못하도록 하는 일종의 무서운 벌이었다.

산의 대왕

둔주(頓珠)는 그 일대서 유명한 사냥꾼이고 용사였다. 하늘에 날아다니는 기러기는 물론이고 풀밭을 뛰어다니는 산양과 숲 속의 사슴 그리고 산속의 호랑이도 눈에 띄었다 하면 그의 칼과 화살을 피할 수 없었다.

하루는 둔주가 숲 속에서 야수의 발자국을 찾고 있는데 마침 큰 나무 옆을 지나가는 토끼 한 마리를 발견했다. 그 토끼는 옥석으로 조각한 것처럼 하얗고, 눈은 작은 불덩이같이 빨갰는데 불쌍하게도 머리에 상처를 입어 피를 흘리고 있었다. 둔주가 토끼 쪽으로 걸어가도 토끼는 도망가지 않았다.

둔주는 손으로 토끼를 쓰다듬어 주며 말했다.

"불쌍한 것! 누가 너를 이렇게 만들었니?"

둔주는 토끼의 상처에 약을 바른 뒤 깨끗한 헝겊으로 싸매

주었다. 그리고 안전한 동굴을 찾아 토끼를 그 안에 두고 계속 사냥감을 찾아갔다.

몇 년이 지난 어느 날, 둔주가 숲 속을 걸어가는데 갑자기 앞쪽에 큰 호랑이 두 마리가 나타났다.
앞쪽에 한 마리 뒤쪽에 한 마리, 둔주와 호랑이는 정오부터 밤늦도록 싸웠지만 호랑이는 조금도 지치지 않았다. 그런데 힘이 세기로 이름난 둔주는 종일 싸워서인지 점점 힘이 떨어지기 시작했다.
그는 생각했다.
'지금까지 수백 마리의 호랑이를 잡아 보았지만 이렇게 무섭고 교활한 놈들은 처음이다. 이러다 내가 호랑이에게 먹힐지도 모르겠다.'
그렇게 생각하니 힘이 더욱 빠지는 것 같았다.
둔주는 정말 더 이상 지탱하기 힘들었다.
그는 있는 힘을 다해 호랑이를 두 번 찌른 뒤, 눈을 감고 호랑이가 다시 덤비기를 기다렸다.
그런데 한참을 기다려도 호랑이는 덤비지 않았다. 그때였다. 어디선가에서 새소리같이 아름다운 아가씨의 목소리가 들렸다.
"고양이같이 못난 것들, 너희들은 어찌 착한 사람을 잡아먹으려 하느냐? 내가 너희들에게 둔주 오빠의 이야기를 몇 번이나 했었잖아?"

둔주는 누가 자기 이름을 들먹이는 소리를 듣고 이상하게 생각하며 슬며시 눈을 떠 보았다. 두 마리 호랑이는 잘못을 빌 듯 아가씨를 향해 머리를 숙이고 있었다.

잠시 후, 아가씨는 앞으로 와서 희고 부드러운 손으로 둔주를 일으켜 주었다.

아가씨는 다름 아닌 하늘나라 선녀인 옥녀(玉女)였다.

어느 날, 그녀는 한 마리 작은 토끼로 변해 숲 속에서 놀다가 여우에게 잡혀 머리에 상처를 입었는데 만약 그때 둔주가 구해주지 않았다면 죽었을지도 모른다.

옥녀가 말했다.

"앞으로 이 산에서 사세요. 먹을 것, 입을 것, 노는 것, 필요한 것은 무엇이든 다 있습니다."

그러나 둔주는 나이 많은 어머니가 걱정되어 산에서 반나절만 쉬다가 집으로 돌아가야 한다고 말했다.

옥녀는 둔주가 산을 내려가려 하자 자신을 구해준 생명의 은인에게 뭔가를 보답해야겠다고 생각했다.

그녀는 옥황상제로부터 무서운 벌을 받더라도 둔주를 따라가겠다고 결심했다.

그래서 두 사람은 그날부터 부부가 되었고 행복한 나날을 보내게 되었다.

그런데 선녀처럼 아름다운 아가씨가 사냥꾼의 아내가 되었다는 소문이 이 동네에서 저 동네로 나중에는 산의 대왕인 짜추오(扎錯)의 귀에까지 들어갔다.

짜추오는 옥녀가 얼마나 아름다운가 궁금하여 보통 사람처럼 차려 입고 둔주의 집 주위를 어슬렁거렸다. 과연 옥녀는 눈이 부실 정도로 아름다웠다.

짜추오는 씩씩거리며 궁전으로 돌아와 서른여 명의 아내와 오십여 명의 무희와 시녀들을 불러 놓고 다짜고짜로 욕을 했다.

"너희들도 여자이고 옥녀도 여자인데 어쩌면 그렇게도 하늘과 땅이니? 옥녀의 아름다움을 너희들에게서는 한 군데도 발견할 수 없어!"

그 뒤로 산대왕 짜추오는 어떻게 하면 옥녀를 손에 넣을까 그 생각만 했다.

며칠 뒤, 그는 아주 좋은 방법을 하나 생각해냈다.

어느 청명한 날이었다. 산대왕은 사람들에게 자기의 생일 축하를 해달라며 청첩장을 보냈다. 이때 둔주도 초청장을 받았다.

둔주가 산대왕의 청첩장을 들고 어떻게 할까 망설이고 있을 때 옥녀가 말했다.

"그의 생일잔치에 초대받아 가시면 특별히 조심해야 합니다. 산대왕은 친절하게 고기를 먹여준다 하면서 당신을 찔러 죽이려 할 것입니다. 그러니 당신이 현명하게 처리하시면 나쁜 일도 좋은 일이 될 것입니다."

둔주는 마음의 준비를 단단히 했다. 그리고 아무것도 모르는 체 산대왕의 생일잔치에 갔다.

잔치에는 산대왕의 의형제들과 친구들이 와 있었고 가난뱅이는 둔주 혼자뿐이었다. 모두들 기분 좋게 술 몇 잔을 마신 뒤, 산대왕은 예리한 칼을 한 자루 들고 큰소리로 말했다.

"나는 오늘 정말 기쁩니다. 그래서 아주 특별한 방법으로 여러분께 존경의 뜻을 전할까 합니다."

그는 말을 마치고 칼끝에 고기를 꿰어 손님들의 입에다 넣어 주었다.

둔주의 차례가 되자 산대왕은 웃으며 말했다.

"우리는 오늘 처음으로 친구가 되었습니다. 나의 성의를 사양하지 않으시길 바랍니다."

둔주가 웃으며 말했다.

"대왕님께서 친히 먹여 주신다니 정말 영광입니다. 배가 불러 터질지라도 대왕님을 기쁘게 해드리겠습니다. 어서 주십시오!"

산대왕은 좋아하면서 날카로운 칼을 둔주의 입으로 쑥 내밀었다.

순간 딸그락! 하는 소리가 들렸다. 둔주는 이로 고기와 칼을 한꺼번에 물었다가 재빨리 고기만 빼 먹고 칼은 뱉어냈다. 칼은 탁자를 스치고 땅바닥에 떨어졌다.

둔주가 말했다.

"대왕님은 고기를 먹으라고 주면서 뼈도 함께 주시는 군요. 어쨌든 맛있게 먹겠습니다!"

그 말을 들은 산대왕은 너무 놀라 안색이 변했다.

그것을 본 사람들은 무서워서 서로 눈짓을 했다.

그때 둔주가 그의 칼을 뽑아 고기 한 점을 꿰어 들고 말했다.

"대왕님이 저에게 주셨으니 저도 생일축하로 대왕님께 드리겠습니다. 다른 뜻은 없습니다. 사양 마시고 받아 잡수시길 바랍니다. 존경하는 산속의 대왕님, 건강하십시오. 생신 축하드립니다."

일이 이렇게 되자 산대왕은 조금 겁이 났지만 안 받아 먹을 수가 없었다.

그는 자신도 이로 칼끝을 물 수 있으며 둔주보다 더 잘할 수 있을 것이라 자신했다.

그는 마음을 진정시키고 말했다.

"그러시면 더욱 고맙겠소!"

둔주는 속으로 생각했다.

'그는 나의 칼끝을 이로 물 수는 있겠지만 쉽게 처리는 하지 못할 것이다. 바보 같은 산속의 도적놈아. 오늘 내 손에 죽어 보아라!'

둔주는 산대왕의 입을 조준하여 칼을 일부러 힘 있게 내밀었다. 그러자 뚜두둑 소리와 함께 산대왕의 이 네댓 개가 부러졌다.

그리고 이어 바로 산대왕의 입을 향해 칼을 힘껏 쑤셨다. 순간 피가 사방으로 흘러내리고 윗도리가 빨갛게 물들었다.

손님들도 일어나 모두 몸을 피했다. 둔주는 이때 칼을 재빨리 뽑아들고 탁자 위로 올라갔다.

"조금 전에 여러분은 산대왕이 나에게 한 짓을 보셨죠? 이놈은 지금까지 나쁜 짓을 많이 했을 뿐 아니라 남의 재산과 남의 아내까지 빼앗으려 했습니다. 이렇게 나쁜 놈은 죽어 마땅합니다. 오늘은 그의 생일이며 제삿날이기도 합니다. 자, 이제부터 이 집은 내가 주인이니 내 말을 들으시오. 부녀자들 그리고 일하는 사람들, 모두 산대왕의 재산을 나누어 갖고 각자의 집으로 돌아가세요!"

"둔주님, 둔주님은 우리의 영웅이십니다. 둔주님, 감사합니다. 이 은혜 영원히 잊지 않겠습니다. 둔주님 만세!"

그동안 산대왕에게 잡혀 있던 사람들은 모두 자유의 몸이 되어 자기 집으로 돌아갔다.

산대왕의 친구들은 벌써 겁을 먹고 언제 어디로 사라졌는지 보이지 않았다.

그런 일이 있은 뒤로 둔주와 옥녀는 안전하고 행복한 나날을 보내게 되었으며, 둔주가 아흔 살이 조금 넘어 죽자, 옥녀는 울며 다시 하늘나라로 돌아갔다.

힘센 거인

커추오빠푸(客措巴布)는 그의 원래 이름이 아니다. 하루는 들소 한 마리가 달려와 떠받으려 하여 목숨을 걸고 한 주먹으로 때려 쫓아버린 뒤부터 붙여진 이름이다.

'커추오빠푸'란 바로 한 주먹으로 소를 때려 멀리 쫓아버린 거인이란 뜻이다. 그래서 그는 자기가 세상에서 가장 힘이 센 거인이고 한 주먹에 무서운 들소를 쫓아버렸으니 자기보다 더 용감한 사람은 없다고 생각했다. 그는 생각할수록 자신만만하여 큰 산도 때려 부술 수 있다고 외치며 다녔다.

"나를 당할 자 있으면 나와 봐! 한방에 박살을 내어 주겠다."

한 번은 막사에서 같이 생활하는 사람들이 충고를 했다.

"해는 언제나 밝은 빛을 내지만 달은 차면 기우는 법이야."

그런 말을 듣고도 커추오빠푸는 자신이 대단한 인물이라 자만하고 있었다.

뒤에 사람들이 말했다.

"당신은 자신이 대단하다고 믿고 있는데 그건 아니오. 산 저쪽에 살고 있는 중쟈차러(重加察勒)란 거인은 백 마리의 소를 어깨 위에 들어올릴 수 있고, 또 루빠커두오(路巴客朶)란 거인은 아홉 장의 소가죽으로 바지를 만들어도 몸에 맞지 않는다고 하는데, 그들이야말로 진짜 거인이지요!"

"그래요? 나보다 힘센 자가 있다고? 나는 믿을 수 없어요."

커추오빠푸는 그 말을 믿지 않고 두 거인을 찾아가 한 번 겨루어 보기로 마음먹었다.

그는 산을 넘어 먼저 중쟈차러의 집으로 갔다.

중쟈의 어머니가 물었다.

"젊은이 무슨 일로 왔어?"

커추오빠푸가 의기양양하게 말했다.

"중쟈차러와 힘을 겨루어 보러 왔어요. 지금 집에 있나요? 손님이 왔다고 일러 주세요"

"그는 산에 사냥을 갔는데 젊은이는 안 될 것 같군! 젊은이는 들소 한 마리를 한 주먹으로 쫓았지만 우리 아들은 어깨 위에 소 백 마리를 거뜬히 올려놓을 수 있을 정도로 힘이 세단다. 다치지 말고 어서 돌아가거라. 싸움은 아이들이나 하는 그런 장난이 아니야!"

중쟈의 어머니는 다시 말렸다.
커추오는 계속 대답도 하지 않고 자신의 힘만 믿고 있었다. 중쟈의 어머니는 할 수 없어 다시 말했다.
"나의 아들은 한 끼에 쉰 주전자의 수유차를 마시고 또 백 근의 쇠고기와 한 부대의 찐 옥수수를 먹는단다. 만약 젊은이도 그렇게 할 수 있다면 우리 아들과 한 번 겨루어 보아라."
그녀는 한 광주리의 먹을 것을 갖고 나와 커추오빠푸에게 먹어 보라 했다.
"자, 한 번 먹어 봐. 얼마나 많이 먹나 보자! 어서, 먹어 보라니까!"
그러나 커추오빠푸는 있는 힘을 다해, 꾸역꾸역 열심히 먹었지만 광주리 안의 십분의 일도 먹지 못했다. 중쟈의 어머니가 말했다.
"다치기 전에 어서 돌아가거라! 너는 아무래도 우리 아들의 적수가 아니야!"
그러나 커추오빠푸는 비록 먹는 것은 적지만 분명 이길 수 있다며 꼭 그와 겨루어 보겠다고 버티고 있었다.
"먹는 것과 힘은 다르잖아요? 꼭 한 번 겨루어 보고 싶어요!"
"다치기 전에 그냥 돌아가는 것이 좋을 텐데. 나중에 크게 후회할 거야."
오후에 중쟈차러가 사냥에서 돌아왔다. 멀리서부터 쿵쿵하는 발자국 소리가 들렸다. 커추오빠푸는 정신이 바짝 들었다.

과연 중쟈의 왼쪽 어깨 위에는 백 마리의 죽은 사슴이 얹혀 있고 오른쪽 어깨 위에는 백여 마리의 멧돼지가 올려져 있었다. 커추오빠푸는 그걸 보자 그만 온몸에 힘이 빠지고 자신이 없어졌다.

'도저히 안 될 것 같아.'

그는 겁이 나서 슬슬 뒤로 도망을 갔다.

중쟈는 어머니의 이야기를 듣고 크게 웃으며 그를 뒤쫓아 가지도 않았다.

'조금 전 그 거인은 내가 이길 수 없지만 아홉 장의 소가죽으로 바지를 만들어 입어도 모자란다는 그 거인은 별 것 아닐 거야. 그는 배만 불룩하겠지. 아홉 장의 소가죽, 그게 뭐 대단한 거야? 나 커추오빠푸는 들소를 한 주먹으로 때려 멀리 쫓아버린 것처럼 그를 멀리 쫓아버리겠다.'

그는 그런 생각을 하며 마치 루오빠커두오를 이긴 것처럼 어깨를 으스대며 급히 걸어갔다.

날이 저물었다. 길은 험하고 루오빠커두오가 어디에 사는지도 알 수 없었다.

그는 내일 다시 가기로 하고 하룻밤 지낼 곳을 찾았다. 마침 길가에 동굴이 하나 있어 기쁜 마음으로 들어갔다. 그런데 그는 그것이 루오빠커두오의 한쪽 바짓가랑이인 줄 몰랐다.

루오빠커두오는 허벅지가 가려워 손을 넣었다. 그는 커추오빠푸가 벼룩인 줄 알고 두 손가락으로 잡고 중얼거렸다.

"또 나를 물 것이냐? 요놈의 벼룩아!"

"살려주시오. 나는 벼룩이 아니오. 사람이오."

커추오빠푸는 겁이 나서 재빨리 소리쳤다.

거인 루오빠커두오가 물었다.

"사람이라고? 그런데 네가 여기 뭣 하러 왔어?"

"나는 커추오빠푸인데 한 주먹으로 들소를 때려 멀리 쫓아버린 사람인데 루오빠커두오를 찾아 한 번 힘을 겨루어 보러 왔소. 그는 아홉 장의 소가죽으로 바지를 해 입었다고 하는데 그게 뭐 대단합니까? 그와 꼭 한 번 겨루어 보고 싶습니다!"

"하하하! 가소로운 것!"

거인은 웃으며 그를 내려놓았다.

"내가 바로 그 루오빠커두오이다. 똑똑히 보아라. 대단한 것이 없다고? 우리 한 번 겨루어 볼까"

커추오빠푸는 그 거인이 루오빠커두오란 말을 듣고 그만 소스라치게 놀라 하마터면 기절할 뻔했다.

"아. 아닙니다. 내가 잘못 생각했습니다!"

그는 걸음아 나 살려라 하고 뒤로 도망갔다.

그 뒤로 그는 용감하다고 거드름을 피우거나 자만하지 않았고 그의 이름도 바꾸어 버렸다.

야크 왕

옛날, 티베트 고원에는 소도 없었고 무서운 검은 들소들만 있었다. 검은 들소들은 떼를 지어 다니며 사람이 갈아놓은 곡식이며 과일까지 닥치는 대로 먹어치웠으며 사람을 보면 달려와 날카로운 뿔로 사정없이 들이받았다. 그래서 사람들은 검은 들소를 악마처럼 무서워했다.

라싸성(拉薩城) 동쪽 어느 마을에 한 가지 놀라운 일이 발생했다. 위준(玉准)은 마흔 살이 되어서야 첫 아이를 낳게 되었는데 이 아이가 어머니 뱃속에 있을 때 어찌나 세게 발길질을 하든지 어머니는 잠시도 앉아 쉴 수가 없었다.

아이가 태어나는 날 밤, 위준의 작은 집안에는 이상한 향기로 가득했다. 그리고 아이가 태어날 때, 집 안 가득 빨간 빛이 비치었으며 그 빨간 빛은 사흘 밤낮 비치었는데 그 빨간 빛

속에서 검은 들소 우는 소리가 들렸다.

이웃 사람들은 위준에게 아이 이름을 꺼끈(格勤)이라 부르라고 했다. 그것은 '소리가 큰 아이'란 뜻이었다.

꺼끈은 어릴 때부터 보통 아이들과는 달랐다. 그가 한 번 울었다 하면 우는 소리가 어찌나 크고 우렁찬지 아주 먼 곳까지 들렸다. 그리고 서너 살이 되었을 때는 그 일대에서 자기보다 몇 살 더 많은 아이들보다 힘도 세고 피부도 검었다.

꺼끈이 여덟 살이 되자 물도 곧잘 긷고 소똥도 한 광주리씩 주워왔으며, 어머니는 그런 꺼끈을 아주 사랑했고 꺼끈 덕분에 하루하루 편하게 살 수 있었다.

꺼끈이 열여섯 살이 되었을 때는 그 일대에서 영웅무사로 이름을 떨쳤다.

가까운 곳은 말할 것 없고 아주 먼 곳 사람까지도 꺼끈을 찾아와서 검은 들소로부터 그들의 곡식을 지켜달라고 부탁했다. 왜냐하면 그가 맨손으로 죽인 검은 들소만 하더라도 스무 마리가 넘었기 때문이다.

그러나 꺼끈은 생각했다.

"언제나 이처럼 검은 들소와 싸우는 일을 계속할 수 없어. 천 마리 만 마리나 되는 많은 검은 소를 어떻게 다 죽인단 말이냐? 그런데 저 힘 센 검은 들소를 길들여 농사짓는 데 쓴다면 얼마나 좋을까?"

그가 친구들에게 그렇게 말하자 친구들도 생각은 좋지만 어떻게 그 무서운 검은 들소를 길들이겠냐고 고개를 내저었다.

시간이 좀 지나, 일흔이 넘는 한 노인이 꺼끈을 찾아와 말했다.

"내가 오랫동안 검은 들소들을 봐 왔는데 그들은 언제나 떼를 지어 다녔어. 그런 걸 보면 사람처럼 그들도 우두머리가 있는 것 같아."

꺼끈과 사람들은 서로 의논한 끝에 그 우두머리 검은 들소를 잡기로 했다. 사람들은 먼저 깊은 함정을 파고 그 위에 싱싱한 풀을 덮어두었다.

이튿날, 우두머리 검은 들소가 다른 들소들을 데리고 왔다. 그리고 풀을 먹으려다 그만 함정에 빠졌다. 우두머리 검은 들소가 함정에 빠져 울부짖자 다른 검은 들소들은 겁을 먹고 산으로 도망을 쳤다.

꺼끈과 마을 사람들은 그러한 방법으로 많은 검은 들소를 잡았으며 겁이 난 들소들은 더 이상 곡식을 뜯어 먹지도 않았고 차츰 사람들을 무서워하게 되었다. 이제는 반대로 사람들이 그들을 괴롭히기 시작했다.

꺼끈은 다시 마을 사람들과 의논한 끝에 잡아온 검은 들소를 넓은 뜰 안에 가두어 놓았다. 그러자 얼마 안 가 어미 검은 들소들은 송아지를 낳고 송아지는 날이 갈수록 불어났다. 하루는 꺼끈이 어미 소와 송아지를 풀밭으로 끌고 가서 자유자

재로 풀을 뜯게 풀어주었다.

 뜰에서 나온 검은 들소는 갑자기 발작한 듯 달려오더니 꺼끈의 배를 들이받으려 했다. 꺼끈은 그럴 줄 알고 미리 준비해 두었던 칼을 빼어 검은 들소의 목을 쳤다. 풀밭은 검은 들소의 피로 빨갛게 물들었다. 그러자 다른 검은 들소들은 목숨을 걸고 산 쪽으로 도망갔다. 송아지들은 무서워 온몸을 떨며 그 자리에 서 있었다.

 꺼끈은 칼을 허리춤에 꽂고 송아지들에게 말했다.

 "너희들은 겁낼 것 없어! 너희들이 순순히 따르기만 하면 죽이지 않겠다. 나를 따르는 것이 호랑이를 피해 이러저리 산속을 도망쳐 다니는 것보다 나을 거야!"

 송아지들은 더 이상 꺼끈을 두려워하지 않았다. 그리고 매일 배불리 풀을 뜯어 먹은 뒤 집으로 돌아가 꺼끈과 좋은 친구가 되었다.

 송아지는 빨리도 자라 일이 년이면 큰 소가 되었다.

 큰 소는 또 새끼를 낳아 검은 들소가 많이 불어나게 되었다. 꺼끈은 그 검은 들소를 사람들에게 나누어 주었다. 그리고 들소들을 살펴보니 큰 소도 송아지도 모두 털이 길고 꼬리털은 더 길었다. 그리고 더 이상 도망치지 않고 집에도 잘있어 그때부터 '검은 들소'라 부르지 않고 '착한 일꾼'이란 뜻으로 '야크'라 부르기로 하였다.

사람들은 아주 빠르게 야크와 친구가 되었고 오래 안 가 야크는 사람들을 도와 밭까지 갈게 되었다.

야크의 가죽과 털 그리고 뼈와 고기 특히 우유는 사람들의 생활에서 없어서는 안 되는 귀중한 것이 되었다. 사람들은 노래를 불렀다.

야크가 있으면
먹고 마시는 것은 걱정 없네.
여름에는 태양도 두렵지 않고
겨울에는 바람도 두렵지 않아.

사람들은 야크의 털을 깎아 천과 천막을 만들기도 하고 집도 만들고 또 가죽으로 옷과 구두를 만들고 고기와 우유, 버터는 좋은 식량이 되었으며 뼈는 땔감으로 쓸 수 있었다. 그래서 사람들은 노래를 불렀다.

야크가 있으면
의식주 걱정은 없네.
야크는 말보다 빠르게 산을 오르며
물고기보다 빨리 헤엄을 치듯
산길을 잘도 달려가네.

그 뒤로 농사를 짓지 않고 야크를 길러 생활을 하는 사람도 생기게 되었다.

야크의 쓸모가 많게 되자 사람들은 모두 꺼끈에게 고마워했다. 그리고 존경하는 마음을 어떻게 보답할지 몰라 큰 돌 위에 '청년영웅'이라 새기고 그 옆에 야크의 그림까지 새겼다.

"야크의 왕—꺼끈 만세!"

지금도 야크가 말썽을 피울 때, 야크의 코를 잡고 '야크왕, 꺼끈!'하고 크게 소리지르면 아무리 별난 야크라도 금세 얌전해진다. 그것은 꺼끈이 처음 야크를 길들일 때 그렇게 했다고 한다.

요리사와 고양이

아주 오래전, 한족(漢族)들이 사는 곳에 어떤 대신이 있었다. 그의 집에는 솜씨가 좋은 요리사와 영리한 고양이 한 마리가 있었다.

대신이 외출할 때면 그 고양이는 언제나 문 앞에 서서 뒷발을 세우고 앞발을 들어 야옹 야옹 야옹! 세 번 울었다. 그리고 머리를 흔들고 눈을 깜빡이며 주인을 배웅하는 표시를 했다. 대신이 집으로 돌아올 때도 고양이는 같은 모습으로 환영의 표시를 했다.

대신은 이 고양이를 보배처럼 아끼고 사랑했으며, 특별히 목수에게 부탁하여 고양이 궁전을 만들고 재봉사에게 시켜 옷까지 만들어 고양이를 예쁘게 꾸며 주었다. 그뿐이 아니었다. 고기와 생선이 있으면 고양이와 함께 먹고 일이 없는 한가한

날에는 고양이와 종일 함께 보내곤 했다.

대신은 식사 때마다 고기가 없으면 밥을 먹지 못했다.

어느 날, 요리사가 고기를 접시에 담아 책상머리에 놓아두었는데 고양이가 살금살금 다가와 말끔히 먹어버렸다. 요리사는 고기가 없어진 걸 보고 화가 나서 땅이 꺼져라 한숨을 쉬며 어떻게 할까 하고 진땀을 흘렸다.

보니 마침 고양이가 따스한 햇볕을 받으며 골골 자고 있는데 입가에 기름기가 반지르했다.

"저놈의 고양이가 고기를 다 먹어 치웠군!"

요리사는 바로 불을 세게 지피고 칼을 쓱쓱 갈았다. 그리고 고양이의 목을 조준하여 칼을 내리쳤다. 고양이는 미처 피하지도 못하고 요리사의 칼에 죽고 말았다.

요리사는 먼저 고양이 껍질을 벗긴 뒤 배를 가르고 여덟 쪽으로 나누어 솥에 넣고 푹푹 삶았다. 해가 져 대신이 돌아왔다. 그는 사방으로 찾아봐도 고양이가 보이지 않자, 요리사를 불렀다.

"요리사, 내 고양이가 어디 갔어?"

요리사가 대답했다.

"제가 바로 그놈을 죽여 버렸습니다."

대신은 벌컥 화를 내며 말했다.

"내가 가장 좋아하는 친구가 고양이란 것을 모르느냐?"

요리사는 퉁명스럽게 대답했다.

"물론 알지요! 그런데 그놈이 나으리의 고기를 먹어치웠기에 화가 나서 그만 죽여 버렸습니다!"

"요리사! 너는 내가 무섭지 않느냐?"

"당연히 무섭죠."

"어떻게 무서운데?"

"나으리께서 한 번 화나셨다 하면 저를 문 밖으로 내쫓아 버릴 것이고, 저는 이리저리 유랑을 하게 될 것이 뻔하기 때문입니다."

대신이 다시 물었다.

"내가 누구를 무서워하는지 말해 봐."

"나으리께서는 당연히 황제가 무섭겠죠. 왜냐하면 나으리께서는 매일 아침 황제 앞으로 나아가 세 번 꿇어앉아 아홉 번 절을 한 뒤 명을 받아 처리해 왔으며, 그것으로 오늘의 부귀영화를 누릴 수 있었지요. 만약 황제가 아니고 나으리 역시 한 명의 보통 사람이라면 더 이상 말할 필요도 없이 만 이랑이나 되는 좋은 논밭과 말이며 수레도 없을 것이고 나처럼 남의 집에서 일이나 해 주고 먹고 사는 처지가 되었겠죠."

대신은 잠깐 생각한 뒤 다시 물었다.

"그럼, 황제는 누구를 두려워하겠니?"

"황제는 천장을 두려워 하겠죠. 왜냐하면 황제의 보좌 위쪽에 한 자루의 금도끼가 걸려 있는데 만약 천장이 움직인다든지 묶어놓은 줄이 끊어지면 금도끼는 분명 황제의 머리에 떨어질 것이고 황제는 바로 숨이 끊어져 영원히 주무시겠죠."

대신은 요리사의 기를 꺾기 위해 계속 다잡아 물었다.

"그럼 천장은 무엇이 무섭겠니?"

"천장은 하느님이 무섭겠죠. 하느님이 화났다 하면 우박에다 큰비까지 내릴 것이며 천장도 무너져내릴 것이기 때문입니다."

"그럼, 하느님은 무엇을 두려워하겠니?"

"하느님은 먹구름을 무서워하시겠죠. 먹구름이 끼면 해와 달이 빛을 잃고 굴 안처럼 캄캄한 세상이 되지 않겠습니까?"

대신은 요리사의 총명함을 존경하며 몇 개의 문제를 계속 내었다.

"먹구름은 또 무엇을 두려워할까?"

요리사가 말했다.

"먹구름은 바람을 무서워하죠. 큰 바람이 불면 먹구름은 동서로 흩어져 마치 전쟁에서 패하여 도망치는 병사와 장군처럼 더 이상 서 있지 못하겠죠."

"그럼 큰 바람은 무엇을 겁내느냐?"

"큰 바람이 가장 무서워하는 것은 높은 장벽입니다. 높은 벽은 큰 바람의 길을 막기 때문입니다. 바람이 높은 벽을 만나면 바로 아무 소리도 못 내고 그림자도 없이 사라져 버리죠."

"벽은 무엇을 겁내느냐?"

"벽은 쥐를 겁내죠. 쥐는 네 개의 예리한 발톱으로 구멍을 내죠. 벽에 계속 구멍을 뚫으면 벽은 견디지 못해 쓰러져 버릴 것입니다."

"그럼 쥐는 무엇을 겁내느냐?"

"쥐는 고양이를 제일 무서워하죠. 고양이는 쥐를 잘 잡고 밤에도 볼 수 있는 눈이 있어, 쥐가 아무리 영리하다고 해도 고양이를 속일 수는 없을 것입니다."

"그럼 고양이는 무엇을 겁내니?"

요리사는 한 번 웃고는 자기와 칼을 가리키면서 자신있게 말했다.

"고양이는 저와 이 칼을 제일 무서워하죠."

대신은 여기까지 묻고 더 이상 묻지 않았지만, 요리사의 얼굴은 붉으락 푸르락했다.

귀신이 무서워 하는 것은

옛날에, 장난기 많은 짜빠(札巴)란 사람이 있었는데, 그는 이웃 사람과도 사귀지 않고 언제나 혼자 살았다. 그는 날마다 저녁밥을 먹을 때면 꼭 이렇게 말하곤 했다.

"자, 밥 먹읍시다!"

그런데 실제로는 그와 함께 밥을 먹는 사람은 아무도 없었다. 그는 혼자 사는 것이 무척 쓸쓸하고 외로워 자신을 위로하기 위해 그렇게 해 온 것이다.

어느 날 밤, 그는 작은 솥에 국수를 삶았다. 그리고 먹기 전에 역시 버릇처럼 말했다.

"자, 먹읍시다."

그 말이 끝났을 때, 갑자기 문이 삐거덕! 하고 열렸다. 그리고 손과 발에 털이 많이 나고 키가 큰 무섭게 생긴 사람이 들어왔다. 그는 가죽으로 만든 작은 공을 갖고 방 안으로 어슬렁 들어오더니 말도 없이 손을 내밀었다.

짜빠는 마음속으로 겁이 좀 났지만 아무런 내색도 하지 않고 국수를 한 그릇 담아 그에게 주었다.

두 사람은 아무 말도 하지 않고 서로를 힐끔힐끔 쳐다보며 국수를 먹었다. 국수를 다 먹은 뒤 짜빠가 먼저 입을 열었다.

"당신은 무엇을 하는 사람이오?"

털이 긴 사람이 말했다.

"나는 사람이 아니라 귀신이오. 나는 밤마다 당신이 함께 식사를 하자고 불렀지만 감히 올 수가 없었소. 왜냐하면 당신들 사람들은 이랬다 저랬다 하기를 밥 먹다시피 하여 말을 도저히 믿을 수 없기 때문이오."

잠시 후, 그는 계속 말했다.

"나는 용감한 당신을 아주 좋아합니다. 당신과 친구가 되고 싶지만 아직은 조금 믿을 수가 없군요."

짜빠는 부드럽게 말했다.

"나는 그런 사람이 아니니 안심하시오. 오늘 밤 당신이 와서 함께 식사도 해 주고 격의없이 대해 주어 무척 기쁩니다. 나도 당신과 친구가 되길 원합니다."

긴 털 귀신은 생각했다.

'겉으로 보기에는 괜찮은 사람 같은데 그래도 가볍게 믿을 수는 없지. 먼저 그가 무엇을 겁내는지 물어 봐야겠다. 그리고 만약 그가 정답게 대해주지 않으면 나도 대응할 수 있는 것을 생각해 두어야지.'

그래서 귀신은 일부러 관심 있는 듯 말했다.

"당신이 나를 잘 대해 주어 무척 감격했습니다."

그는 계속하여 친절하게 물었다.

"당신이 평소에 가장 좋아하는 것은 무엇이며 또 무엇을 제일 싫어합니까? 내가 그런 것을 알고 당신에게 보답하려 합니다."

짜빠는 귀신의 말을 믿을 수 없었지만 그래도 거짓으로 감사하다는 듯 대답했다.

"좋아하는 것을 말하자면 끝도 없죠. 그러나 내가 가장 좋아하면서도 가장 무서워하는 것은 오직 하나 바로 금돈이죠."

그는 잠깐 숨을 돌렸다가 다시 귀신에게 물었다.

"당신들 귀신들은 우리 사람들보다 더 대단해요. 우리들이 무서워하는 것을 당신들은 무서워하지 않으니 말입니다. 그런데 당신들은 무서운 것이 있어요 없어요?"

긴 털 귀신이 말했다.

"물론 있지요. 내가 가장 무서워하는 것은 가을의 농작물인데 그것이 바람에 '서걱서걱!' 하고 소리를 내면 죽을 것 같이 무서워요."

짜빠가 다시 물었다.

"당신이 갖고 있는 그 작은 가죽공은 무엇하는 데 사용하는 것입니까?"

긴 털 귀신이 말했다.

"이건 사람들에게는 말해 줄 수 없는 것입니다. 그러나 우리는 친구이니까 말해 주지요. 이건 바로 〈생명의 공〉*인데 이것이 탈 없으면 나는 죽지 않는답니다. 절대로 이 사실을 다른 사람에게 말하면 안 됩니다."

짜빠는 다른 사람에게 말하지 않겠다고 약속을 하고 자기 생명처럼 그것을 보호해 주겠다는 표시를 했다.

그들은 오랫동안 이야기를 나누며 즐거운 시간을 보냈다. 밤은 이미 깊어 긴 털 귀신도 돌아가려 했다.

짜빠는 귀신에게 자고 가라 했지만 귀신은 꼭 가야 한다고 했다.

"나에게는 한 밤 삼경이 당신들의 낮과 같지요. 해야 할 중요한 일이 있어 가 봐야겠소."

귀신이 이어 말했다.

"나의 공을 두고 갈 테니 잘 지켜주시오!"

말을 끝내고 긴 털 귀신은 사라졌다. 짜빠는 문을 잠그고 방

---

* 생명의 공 : 티베트 사람들은, 사람의 생명이나 영혼이 동·식물은 말할 것도 없고 심지어 공이나 돌, 망치 같은 무생물에도 들어 있다고 생각하고 그 물건이 망가지면 사람도 함께 죽는다고 믿고 있다.

으로 들어가 자려했지만 좀처럼 잠이 오지 않았다. 그는 생각했다.

'어떻게 해서라도 그를 죽이지 않으면 언젠가 나를 해칠 거야.'

그는 급히 일어나 작은 공을 갖고 곡식이 익어가는 밭으로 달려가 날이 밝기를 기다렸다. 그는 귀신이 농작물이 있는 곳을 싫어하여 죽이러 오지 못할 것이라 생각했기 때문이다.

동쪽 하늘이 뿌옇게 밝아오려 할 때 긴 털 귀신이 땅속에서 나와 큰소리로 외쳤다.

"그 공을 돌려줘, 안 돌려주면 죽여 버리겠다!"

짜빠가 꼼짝도 하지 않는 것을 본 귀신은 짜빠가 가장 무서워한다는 금돈을 갖고 왔다.

"죽어라. 이 인간 놈아!"

짜빠는 긴 털 귀신의 소리를 듣고도 숨을 죽인 채 나오지 않았다. 귀신은 금돈을 계속 던졌다.

"빨리 나와서 금돈을 받아라!"

짜빠는 돈 떨어지는 소리를 듣고

"그래, 자꾸자꾸 던져라!"

하며 날카로운 송곳으로 가죽 공을 찔러 구멍을 내버렸다. 픽! 하고 공의 바람이 빠지자 긴 털 귀신의 소리도 들리지 않았다.

날이 밝은 뒤, 짜빠는 긴 털 귀신이 던진 금돈을 갖고 집으로 돌아갔다.

선 용 엮음
Tibet Legend
티베트 민간고사

인 쇄	2010년 10월 18일	
발 행	2010년 10월 22일	

엮은이	선 용 ⓒ2010	
발행인	서 정 환	
발행처	신아출판사	

출판등록	1984년 8월 17일 28호
주 소	전주시 완산구 태평동 251-30
전 화	(063)275-4000, 252-5633
팩 스	(063)274-3131
메 일	sina321@hanmail.net

값 10,000원

ISBN 978-89-5925-763-8 03810

※ 저자와 합의하여 인지는 생략합니다.
※ 잘못된 책은 바꿔드립니다.